DAS FISCH KOCHBUCH

JEAN-CLAUDE GOUMARD

DAS FISCH KOCHBUCH

Mit Fotografien von
Hervé Amiard

GONDROM

INHALT

$\mathcal{V}$orwort 6

8 *Das Restaurant Goumard-Prunier*

12 *Fischfang – Beruf und Leidenschaft*

$\mathcal{F}$ische 18

20 SARDELLE

22 WOLFSBARSCH

26 HECHT

28 KABELJAU

34 GOLDBRASSE

38 ROTER KNURRHAHN

40 GERÄUCHERTER SCHELLFISCH

42 SEETEUFEL

46 ROCHEN

48 MEERBARBE

56 SARDINE

58 LACHS

62 SEEZUNGE

64 THUNFISCH

68 STEINBUTT

Muscheln 80

- 82 Venusmuschel
- 84 Herzmuschel
- 86 Jakobsmuschel
- 96 Messerscheide
- 98 Auster
- 104 Miesmuschel
- 110 Abalone
- 112 Seeigel

Krustentiere 116

- 118 Sägegarnele
- 120 Nordseegarnele
- 122 Bärenkrebs
- 124 Flusskrebs
- 128 Kaisergranat
- 136 Languste
- 140 Hummer
- 146 Schwimmkrabbe
- 148 Seespinne
- 150 Taschenkrebs

Und ausserdem… 154

- 156 Kalmar
- 160 Frosch
- 164 Verzeichnis der Rezepte
- 167 Danksagung

VORWORT

Dinard, 1959. Der Strand, ein paar Kinder, Krabben, ein Feuer aus Treibholz, Silberpapier, wie man es in jeder Tafel Schokolade findet: mein erstes Restaurant!

Die Krabben einzeln in das Silberpapier einwickeln, das Silberpapier drei Minuten in die Glut legen, herausnehmen und rufen: »Heiße Krabben, heiße Krabben, heiße Krabben…!«

Sie fanden reißenden Absatz, und im Nu hatten wir das verdiente Geld in Lakritzschnecken, Karamelbonbons, Kaugummi und andere Leckereien umgesetzt.

Jetzt bleibt mir nur noch, Ihnen das Rezept zu empfehlen: Es sind die besten Krabben, die ich je gegessen habe.

An manchen Tagen fingen wir an der Mündung der Rance einen Wolfsbarsch, den wir an einem selbstgebastelten Spieß brieten. Anschließend schnitten wir ihn auf einem Stein in Stücke, würzten ihn mit dunklem Meersalz und riefen: »Heißer Barsch, heißer Barsch…!« Die Kunden aßen mit den Fingern, auch dieses Geschäft lief gut.

Erst viele Jahre später wurde mir klar, daß die Liebe zu Fisch, die Lust, Gäste zu bewirten, der Wunsch, anderen Freude zu bereiten, daß all dies an jenem Strand seinen Anfang nahm, wo ich erstmals erfuhr, wie ich Geld verdienen konnte mit einer Arbeit, die mir Spaß macht.

Zudem hatte ich ein gutes Gewissen, denn ich hatte die Krabben selbst gefangen, ich hatte den Barsch selbst gefangen: Ich konnte mir der Qualität meiner Ware absolut sicher sein.

ROHE FISCHE NACH ART DER FISCHER

»Er schnitt Streifen von dem dunkelroten Fleisch ab. Es waren keilförmige Streifen, und er schnitt sie direkt am Rückgrat entlang bis hinunter an den Rand des Bauchs. Nachdem er sechs Streifen geschnitten hatte, breitete er sie auf dem Holz im Bug aus … »Ich glaube nicht, daß ich einen ganzen essen kann«, sagte er und zog sein Messer quer über einen der Streifen. … »Mit ein bißchen Salz und Zitrone würde er sogar ganz gut schmecken.«

DER ALTE MANN UND DAS MEER
Ernest Hemingway

*Geben Sie Salz und einen Tropfen Zitrone dazu –
das ist das ganze Rezept.*

Das Restaurant Goumard-Prunier

»Alles, was das Meer beschert.« Das ist das Motto des Restaurants Goumard-Prunier. Dieses Haus ist eine wahre Institution der genießerischen französischen Lebensart, der man sich hier schon seit über einem Jahrhundert verschrieben hat, ein kulinarischer Tempel der Meeresfrüchte und aller Gaumenfreuden, die den Ruf der französischen Haute Cuisine geprägt haben. Heute, auf dem Höhepunkt seines gastronomischen Erfolges, hat Goumard-Prunier großen Anteil an den maritimen Freuden, die französische Teller zu bieten haben. Das Restaurant ist ein Treffpunkt für Feinschmecker, und Liebhaber von Muscheln, Austern, Krustentieren und Fisch geben sich hier ein Stelldichein. Aber dieser Ruhm und dieser Erfolg kommen nicht von ungefähr. Ihre Geschichte soll hier erzählt werden:

Es war einmal… Im Jahre 1872 eröffnen Alfred Prunier und seine Frau Cathérine, eine exzellente Köchin, in der Pariser Rue Duphot Nr. 9 ein kleines Restaurant mit einem Dutzend Tischen und einer Theke. Ihre Bemühungen bringen ihnen schon bald eine erlesene Schar von Gästen ein, die gutes Essen und guten Wein lieben. Die Austern und Fische stets von bester Qualität – dazu Chablis und Pouilly kredenzt – erregen ebenso wie auch die Schnecken, die Hammelkeule mit Sauce Poulette und das Gegrillte Bewunderung.

Im Jahre 1902 tritt ihr Sohn Émile mit 22 Jahren ihre Nachfolge an. Dank seiner Tatkraft genießt das Haus bald einen noch besseren Ruf, wobei es weiterhin seine liebenswerte Schlichtheit bewahrt und seinen Gästen eine äußerst freundliche Atmosphäre bietet.

Schließlich erweisen sich die kleinen Räume im Erdgeschoß des Hauses als zu eng, um den vielen Freunden von köstlich zubereiteten Meeresfrüchten noch Platz zu bieten, und so werden in der ersten Etage der Häuser Nr. 7 bis 13 in der Rue Duphot neue Räumlichkeiten eröffnet. Louis Majorelle hat ihnen mit einer Innenausstattung im Jugendstil seinen dekorativen Stempel aufgedrückt.

Derart erfolgreich, hat Émile Prunier bald Gelegenheit, seinen Unternehmungsgeist und seine

Energie unter Beweis zu stellen. Im Jahre 1905 bricht in Paris eine Typhusepidemie aus, und in der Presse macht man den Verzehr von Austern für die Krankheit verantwortlich. Das Gerücht führt zu einem erheblichen Rückgang im Austernverkauf. Émile Prunier, unterstützt von einer Handvoll Restaurantbesitzern, Austerngroßhändlern und -züchtern macht sich in einer von 1905 bis 1918 dauernden Kampagne für die Ehrenrettung der französischen Auster stark. Ziel dieser Kampagne ist es, eine Art Unbedenklichkeitsgarantie für Austern in Form eines Zertifikats einzuführen. Im Jahre 1923 wird er für seine Bemühungen endlich belohnt: Besagtes Zertifikat wird offiziell anerkannt. Doch noch im selben Jahr gerät die Austernindustrie erneut in eine schwere Krise. Es setzt ein erschreckendes Massensterben bei den Austern ein, dessen genaue Ursache bis heute ungeklärt geblieben ist. Man vermutet, daß die zahlreichen Schiffe, die im Ersten Weltkrieg versenkt wurden, ebenso wie die Minen und Bomben, die überall an den Küsten abgeworfen wurden, dafür verantwortlich zu machen sind.

Bis zu diesem Zeitpunkt verzehrte man ausschließlich die flachen Europäischen Austern, die aus den Zuchtparks der bretonischen Küste kamen, wie die berühmten Belon-Austern, sowie die Colchester und Natives aus dem englischen Burnham. Die holländischen Austern kamen aus Zeeland. Émile Prunier macht die erstaunten Feinschmecker in Paris mit bislang unbekannten Austernsorten vertraut, so zum Beispiel die Blue Point, East River oder Lynn Haven. Und schließlich lösen die Felsenaustern, Portugiesische Austern genannt, die bis dahin nur dem Hauspersonal des gehobenen Bürgertums vorbehalten waren, das sehr seltene und teure Luxusprodukt, die flache Europäische Auster, ab.

Bald findet ein größeres Publikum Geschmack an der »demokratischen« Felsenauster, die außerdem gegen Krankheiten widerstandsfähiger zu sein scheint. Zudem bemüht man sich, ihre Qualität zu verbessern, indem man sie bei der Aufzucht nach dem gleichen Verfahren wie die flachen Austern verfeinert und mästet, bis sie ihren typischen grünen Farbton annehmen. Die Felsenaustern, wie beispielsweise die *fines de claires*, finden bald eine große Käuferschicht, weil sie nicht nur äußerst schmackhaft, sondern darüber hinaus recht preiswert sind.

Émile Prunier setzt sich außerdem für die Einführung der aus Amerika stammenden Venusmuschel in Frankreich ein. Auf Drängen eines amerikanischen Kunden läßt er 1911 von Long Island eine

Ladung dieser Muscheln kommen. Dieses kostspielige Unterfangen endet katastrophal. Die Venusmuscheln werden in den USA auf ein Schiff der *Compagnie Générale Transatlantique* verladen und nach Le Havre gebracht. Von dort befördert man sie per Eisenbahn in die Gegend von Marennes. Dort angekommen stellt sich heraus, daß neunzig Prozent der Muscheln eingegangen sind, und man ordnet an, die Ladung in die umliegenden Flüsse zu kippen. Die Aktion gerät in Vergessenheit, bis plötzlich im Jahre 1916 besagte Venusmuscheln zu Émile Pruniers großer Überraschung auf den Märkten der Region verkauft werden. Sie hatten in den Gewässern überlebt und sich sogar um ein Vielfaches vermehrt.

Kurz nach dem Ersten Weltkrieg gelingt es den Pruniers, sich den einzigen aus der Sowjetunion exportierten Kaviar zu beschaffen. So haben die Flieger Colli und Nungesser bei ihrer ersten gescheiterten Atlantiküberquerung – ein Projekt, das übrigens bei Prunier geplant wurde – als einzigen Proviant Kaviar von Prunier an Bord. In der Zeit zwischen den beiden Weltkriegen erlebt das Restaurant seinen größten Aufschwung. Die Eröffnung eines zweiten Restaurants im Jahre 1925 in der Ave-

nue Victor-Hugo unter dem Namen Prunier-Traktir ist ein Meilenstein in der Geschichte der Familie. Die Innenausstattung des Restaurants führt Louis-Hyppolite Boileau aus, einer der drei Architekten des Palais de Chaillot, und die Mosaikfassade stammt von Auguste Labouret, der anschließend den Speisesaal des Ozeandampfers »Normandie« gestalten sollte. Eine der ersten Speisekarten des Hauses wird von dem bretonischen Maler Mathurin Méheut mit Motiven aus Seefahrt und Fischfang illustriert. Das Restaurant war bis zu seiner Schließung im Jahre 1989 eines der schönsten von Paris. Vor nicht allzu langer Zeit wurde es unter besseren Vorzeichen wiedereröffnet.

Die Pruniers erwerben überdies Zuchtparks in der Bretagne. Sie führen – mit Hilfe ihrer eigenen Trawler-Flotte – den Transport von lebenden Meeresfischen wie Seezunge, Meerbarbe und Steinbutt durch, bis das Pariser Zollhaus die Schiffstanks leeren läßt, um die Ladung wiegen zu können und dementsprechende Zölle zu erheben, oder horrende Gebühren für das Wasser zu fordern. An die hundert Auslieferer versorgen zu dieser Zeit per Dreirad ganz Paris und Umgebung mit Fisch, Muscheln und Krustentieren. So stellt das damalige Emblem des Restaurants einen dieser Austernauslieferer dar.

Nach Jean-Baptiste Colbert, der ähnliche Interessen verfolgte – sind die Pruniers auch die ersten, die Kaviar aus der Gironde, den es heute nicht mehr gibt, in den Handel bringen, indem sie spezielle Fangstellen für die Fische einrichten. Mit der Eröffnung eines dritten Restaurants in London schließlich, erhalten sie die internationalen Weihen der Gourmet-Welt.

Simone, Émiles Tochter, tritt die Nachfolge ihres Vaters an. Dann übernimmt der Schwiegersohn Jean Barnagaud die Geschäftsführung, bis nach ihm andere die Geschicke des Hauses weniger erfolgreich lenken.

Für mich ist und bleibt Prunier ein Mythos. Ich stamme aus der Bretagne, doch obwohl ich immer nur die Schulferien in meiner Heimat verbrachte, bin ich davon überzeugt, daß ich das Meer im Blut habe. Ich entwickelte rasch eine Vorliebe für »alles, was das Meer beschert«. Mein Vater, Jean Goumard, besaß in den fünfziger Jahren eine kleines Restaurant in der Rue Damrémont im 18. Arrondissement, das er Henry Garat abgekauft hatte. In diesem Restaurant trafen sich die Maler von Montmartre und die kleinen Kaufleute des Quartiers. Mein Vater kaufte in den Markthallen von Paris ein, und mit 14 Jahren begleitete ich ihn oft dorthin, um ihm zu helfen. Wir erstanden vorwiegend Fisch, ein Produkt, das mein Vater auf exzellente Weise zubereitete.

Im Jahre 1967 ging ich auf die Hotelfachschule in Grenoble in der Hoffnung, bei den olympischen Spielen dabeizusein, die im Jahr darauf stattfanden. Doch alles, was ich von dieser grandiosen Veranstaltung zu sehen bekam, war der Rücken von General de Gaulle – ein Stammgast bei Prunier – bei der Abschlußfeier im Schloß von Vizille, zu der ich abgestellt worden war – nicht um zu bedienen oder zu kochen, sondern um die Gläser zu spülen, denn ich war ja erst Schüler im ersten Jahr! Nachdem ich die Schule beendet hatte, machte ich eine kleine Reise durch Frankreich und kehrte dann wieder in das Restaurant meiner Familie zurück. Mittlerweile hatten die alten Pariser Markthallen im »Bauch von Paris« ihre Seele ausgehaucht. Die Großmarkthallen von Rungis waren im März 1969 eröffnet worden. Sie waren somit – und sind es bis heute – der größte Markt Europas. Es wurden riesige Mengen Fisch, Muscheln und Krustentiere angeliefert: 200 bis 800 Tonnen pro Tag. 1972 war ich erstmals als Einkäufer dort und staunte über die außergewöhnliche Qualität der Fische und Meeresfrüchte, die bereits 24 Stunden nach dem Fang in Rungis eintrafen. Doch erst acht Jahre später, am 20. August 1980, eröffnete ich mein eigenes Restaurant in der Rue Duphot Nr. 17. Ich hatte La Cigogne gekauft, ein kleines elsässisches Spezialitätenrestaurant, das ich umgehend auf meinen Namen umtaufte. Die Speisekarte stellte ich unter das Motto »Alles, was das Meer beschert«. Mein alter Freund Henry Viard, genannt Onkel Henry, der als Journalist für gastronomische Fachzeitschriften arbeitete und inzwischen verstorben ist, erklärte mich für verrückt: »Ein paar Schritte von Prunier entfernt, du spinnst doch! Fisch ist seine Domäne, nicht deine!« Dennoch half er mir, wo er konnte, und schrieb Artikel für verschiedene Zeitschriften und Restaurantführer, in denen er uns lobend erwähnte. Der Erfolg kam mit der Zeit, während es bei meinem berühmten Nachbarn Prunier immer leerer wurde.

Meerbarben, Kalmare, Abalonen, Garnelen, Langusten, Hummer, es sind die Produkte – und nur die Produkte –, die meinen Erfolg begründen, und ich entwickelte einen regelrechten Fanatismus, sie nach dem Kauf schnellstmöglich zu verarbeiten und auf den Tisch zu bringen. Schließlich war ich nicht mehr auf Rungis angewiesen, sondern verfügte inzwischen in den Häfen Frankreichs über ein Netzwerk von zuverlässigen Einkäufern, die direkt aus dem »Bauch« der Schiffe für mich kauften. Finistère, die bretonische Küste, die katalanische Küste, Vendée und Cotentin, die Halbinsel der Normandie, wurden meine bevorzugten Fischereiorte. Die Fische, die am Abend in Saint-Guénolé auf der Versteigerung gekauft wurden, waren um 6 Uhr am nächsten Morgen bei mir in der Rue Duphot. Somit war ich 24 Stunden schneller als Rungis, das dennoch als »heiliger Fischereihafen« bezeichnet werden kann.

Verständlich, daß die Fische aus den Häfen, die noch zappelnd bei mir ankommen, teurer sind, und es stellt sich die Frage, wer diesen Qualitätsunterschied erkennt. Um so mehr ist mein Küchenchef und treuer Freund Georges Landriot bemüht, alle Meeresfrüchte so behutsam wie möglich zu behandeln. Sein seemännisches Credo lautet, die Fische möglichst einfach und natürlich zubereitet zu servieren. Darin ist George unübertroffen. In der Küche dieses bescheidenen, freundlichen und gütigen Mannes sind bislang Hunderte von Lehrlingen, Praktikanten und jungen Küchenhelfern ausgebildet worden, bei denen er die Leidenschaft für Fisch erwecken konnte.

Dann kommen die euphorischen Jahre. Alles ist nahezu unerschwinglich, vor allem Qualität. Dennoch ist die Kundschaft bereit, den erforderlichen Preis zu zahlen. Das Restaurant Goumard ist ständig gut besetzt. Das Glück des einen ist häufig das Unglück des anderen. Mit dem berühmten Haus Prunier geht es von Geschäftsführer zu Geschäftsführer immer weiter bergab. Im Jahre 1991 kaufe ich schließlich das Prunier, das die durch den Golfkrieg verursachte Krise nicht überstand.

Mein Freund Michel Seydoux, einer der größten Filmproduzenten, wird mein Teilhaber. Er begnügt sich jedoch nicht mit der Rolle des Geldgebers; als großer Liebhaber von Meeresprodukten hält er in der Bretagne nach neuen Lieferanten Ausschau, und gemeinsam mit ihm habe ich zwei neue Fischrestaurants unter dem Namen Gaya eröffnet.

Es hat 30 Millionen Francs gekostet, Prunier wieder in seinem einstigen Glanz erstrahlen zu lassen. Der Erfolg stellt sich sofort ein. Die Feinschmecker aus ganz Paris kommen in Scharen. Die aus den zwanziger Jahren stammenden Elemente des Hauses Prunier – die Ausstattung von Lalique, das Porzellan Bernadaud, das Tafelsilber Christofle und die Gemälde mit Seemotiven aus dem 19. Jahrhundert – tragen dazu bei, das Motto »Alles, was das Meer beschert« zu bekräftigen.

Doch bei all dem vergesse ich nicht, daß ich mich vor allem anderen darum bemühen muß, nach guten Produkten zu suchen. Nur frischer, sehr frischer Fisch ist es wert, zubereitet zu werden. Ich lade Sie ein, ihn im heutigen Restaurant Goumard-Prunier zu kosten. Diesen einzigartigen, schönen Ort ehrten schon Claude Monet und Clemenceau mit ihrem Besuch, um Muschelsuppe zu essen, und auch Marcel Proust widmete ihm ein paar Zeilen der Wertschätzung in seinem Roman *Die Gefangene*: »... bevor ich Zeit hatte, ihr zu sagen, sie werde ... Muscheln besser bei Prunier finden, wollte sie nacheinander alles haben, was sie von der Fischhändlerin ausrufen hörte ...«. Das heutige Goumard-Prunier fühlt sich zu nichts anderem berufen, als seinen Gästen das Beste aus Ozean und Meer zu bieten.

FISCHFANG – BERUF UND LEIDENSCHAFT

Sag mir, wie du fischst, und ich sage dir, ob dein Fisch den Umweg lohnt.

Der Weg des Fisches vom Meer auf den Teller ist häufig ein Hindernislauf, von verschiedensten Unwägbarkeiten begleitet: Der Handel mit Fisch unterliegt im großen Maße dem Zufall.

Heute ist Fisch von unseren Speisekarten nicht mehr wegzudenken, und in Frankreich ist man geradezu verrückt auf Fisch, ein Trend, der, unterstützt durch eine ernährungsbewußte Feinschmekker-Bewegung, weiter zunimmt. In diesem Zusammenhang kommt der Art und Weise, wie Fisch gefangen wird, wesentliche Bedeutung zu, denn die Qualität des Fisches läßt, sobald er aus dem Wasser kommt, augenblicklich nach. Doch das ist eine lange Geschichte.

Als ich noch ein Kind war, fischte ich unter den stolzen Klippen von Caux, die jäh ins Meer abzufallen scheinen, in der Bucht von Mont-Saint-Michel, beim Felsen von Cancale, den ich über den Weg der Zöllner erreichte, bei Ebbe in der Bucht von Morlaix oder am kleinen Meer von Morbihan, Ar Bron, vom Seewind gepeitscht. Ich fischte zunächst Garnelen und Krabben zu Fuß, wie wir alle damals, in Nagelschuhen oder Stiefeln, ausgerüstet mit Weidenkorb oder Jutesack, Hacken und Netzen und sonstigen Geräten.

Das Abenteuer des Meeres nahm dort seinen Anfang, in unseren Träumen von Segelschiffen,

FISCHFANG – BERUF UND LEIDENSCHAFT

FISCHFANG – BERUF UND LEIDENSCHAFT

und Sextanten, von Korsaren und Piraten, die in ruhmreichen Zeiten unter schwarzer Flagge Gewürze aus fernen Ländern brachten.

Ich beobachtete die geheimen Schönheiten der Küste, die es nur zu entdecken gilt, und schon als Kind nahm ich diesen besonderen Geschmack von Gischt und Meer in mich auf.

Himmel, Wolken, Regen und Wind, die ganze Fauna unter Wasser, diese große unbekannte Welt war da und wartete nur darauf, gezähmt zu werden.

Meine Vorliebe für alles Authentische ist aus diesem nimmermüden Meer erwachsen: aus Nebel und Stürmen, aus einer Jahrtausende alten Geschichte, als der Mensch seinen Garten noch nicht bebaute und bereits einen hohen Tribut für seine Tätigkeit als Fischer bezahlte. Denn das Meer nimmt viel und gibt wenig.

Der Gedanke an die »Islandfischer« von Pierre Loti, an die Fischer, die im Gebiet der Neufundlandbänke Kabeljau fingen, an die Thunfischflotten von Douarnenez oder Concarneau, und schon wuchsen meiner Phantasie Flügel. Und wenn ich über den Deich eines kleinen Fischerhafens ging, im spärlichen Licht vereinzelter Laternen, wenn die bunten Boote Tanks und Fangkörbe entluden, voll mit glänzenden Sardinen, fetten Krabben, leuchtenden Rochen und Weißem Thunfisch, dann dachte ich, daß die Fischer mit Fug und Recht behaupten konnten, daß sie ihr Tagwerk vollbracht hatten.

Heute sieht es so aus, als wenn uns frischer Fisch gleichsam auf den Teller fallen würde. Doch Fisch ist nicht gleich Fisch.

Manche Fische verderben schneller als andere. Makrelen oder Sardellen etwa sind empfindlicher als Plattfische. Doch für alle Fische gelten die gleichen Frischekriterien. Frischer Fisch hat festes Fleisch und ist mit einem schleimigen Film überzogen; die Augen sind prall, die Pupillen klar und glänzend, die Haut schillert in Regenbogenfarben und die Kiemen sind leuchtend rot. So ist er frisch, so muß er sein. Unbedingt. Ein Fisch sollte möglichst kurz nach dem Fang verkauft werden. So lautet das erste Gebot der Fluß- und Meeresfischerei. Wird er eisgekühlt, muß auf jeden Fall vermieden werden, daß er durch den Kontakt der Haut mit Eis Schaden nimmt.

Bei der Küstenfischerei mit kleinen Booten spricht man noch von Handwerk. Die Trawler, die an die zehn Tage auf dem Meer sind, arbeiten halbindustriell, und die über 38 Meter langen Schiffe, die bis zu drei Wochen unterwegs sind, sind eigene Industrieunternehmen. Das sind die Formen des kommerziellen Fischfangs im engeren Sinne, des Berufs der Meeresfischer, der Trawlerfischer, die man in blaugrüner Nacht oder im Morgengrauen hinausfahren sieht.

Das Leben im Ozean unterliegt dem Rhythmus der Gezeiten, einem gewaltigen, globalen Pulsschlag, der die Küsten verwandelt und den Men-

schen schon immer fasziniert hat. Obwohl das Mittelmeer keine Gezeiten kennt, keine Ebbe und Flut, ist es zum Fischfang genauso gut geeignet. In Collioure zum Beispiel werden die Sardellen, die sich dort frisch oder eingesalzen größter Beliebtheit erfreuen, nachts auf altertümlich anmutende Weise mit riesigen Laternen gefangen, die, an einem Beiboot befestigt, die Fische anlocken; in Port-Vendres versorgen sich die bekanntesten Chefköche Frankreichs vor allem mit »pistes«, kleine Weichtiere ähnlich den Babykalmaren.

»Dogger, Fisher, German, Utshire, Westschottland, Südirland, Grande Sole, Cap Finistère«, Sturmwarnung, Windstärke 8 an einem Tag, schwacher Wind von Südsüdwest und Nebel an einem anderen, so könnten die Vorhersagen pro Zone für die nächsten 24 Stunden lauten, die jeder Hochseefischer ebenso aufmerksam wie fatalistisch hört, bevor er hinaus aufs Meer fährt. Doch unter Fischern gilt grundsätzlich: »Ist der Horizont nicht

klar, bleib an der Theke. Wer zu lange die Wettervorhersagen hört, hat kaum noch Zeit für ein Gläschen im Bistro.«

Die französische Seefischerei umfaßt heute um die 20 000 Fischer (eine Zahl, die jedoch weiter sinkt) und an die 10 000 Schiffe. Es gibt die Große Hochseefischerei, die Kleine Hochseefischerei und die Küstenfischerei. Erstere umfaßt etwa hundert Schiffe, die monatelang auf offener See beispielsweise vor Madagaskar oder der kanadischen Küste verbringen, um Kabeljau und Thunfisch zu fangen. Andere fischen maximal 14 Tagesreisen vom Hafen entfernt vor Schottland und Irland unter Einsatz modernster Technik (Funk, Satellit, Radar, Sonden etc.); gefangen werden Hering, Merlan, Seeteufel, Limande, Seehecht und Rochen. Bei den beiden letzten Kategorien kehren die Fischer noch am selben Tag oder höchstens zwei oder drei Tage später in den Hafen zurück; der Fang erfolgt mit unterschiedlichen Methoden (Reuse, Grundschleppnetz, Schwimmschleppnetz für Sardinen, Angel, Dredge – ein kleines Schleppnetz – und Langleine) und wird früh morgens oder nachmittags versteigert. Die Großhändler beurteilen die Qualität nach Augenschein, und die Versteigerer erhöhen die Gebote, wenn die Bietenden mit den Augen zwinkern oder flüchtig die Hand heben.

Die Art des Fischfangs, die noch wirklich die Bezeichnung Handwerk verdient, erfolgt mit der Angel (der teuerste Fisch, der cirka 5% der Gesamterträge Frankreichs ausmacht); sind die Fische nicht sehr zahlreich, benutzt man die Langleine, eine Mehrfachangel, an der viele Haken befestigt sind. Das Angeln ist immer ein Glücksspiel, aber auch eine Wissenschaft, denn man muß die richtigen Stellen kennen.

Ein weiterer Zweig ist der Fang von Süßwasser- und Wanderfischen. In der Mündung der Loire oder der Gironde zum Beispiel fängt man den Maifisch mit dem Netz, wenn das Wasser bei Flut seinen höchsten Stand erreicht hat, in Nantes, wenn das Wasser bei Ebbe nicht mehr fällt. Bei Hoch- bzw. Niedrigwasser lohnt sich das Fischen besonders, denn wenn sich die Sonne im Wasser spiegelt, sind die Maifische auf Wanderschaft. Weiter oberhalb an der Loire benutzt man Stellnetze zum Lachsfang. Aale werden je nach Art entweder mit der Grundangel oder mit Reusen gefangen, weit entfernt also von der Fangmethode, die man beispielsweise auf der Belle-Île Ende des 18. Jahrhunderts praktizierte, indem man sie mit dem Licht von prächtigen Fackeln anlockte.

Wie man weiß, haben das Meer und seine Produkte auf den Menschen eine beruhigende Wirkung, denn beide repräsentieren eine – fast – reine und natürliche Welt. Und glücklicherweise haben die Fangquoten inzwischen den Appetit des Menschen gezügelt, obwohl die Fischbestände immer noch knapper werden. Zwischen Himmel und Erde, Luft und Licht ausgesetzt, ist der Fisch nicht geduldig. Er muß frisch zubereitet werden. Nur frisch und so einfach, wie es ihm gebührt. Und wie dem Wein, für den es nur eine Wahrheit gibt – die der leeren Flasche – so kommt es auch dem Fisch zu, daß man nach seinem Verzehr Lust auf mehr hat. Kurzum, daß er nicht umsonst gestorben ist.

SARDELLE

Der Sardellenkrieg in der Biskaya hat diesen Fisch wieder in Erinnerung gebracht, doch das französische Zentrum des Sardellenfangs ist seit dem Mittelalter Collioure. Im Altertum dienten Sardellen als Würzmittel. Man transportierte sie in kleinen Spezialfässern, den *barrots*. Zur Konservierung wurden sie, wie Kabeljau, zuvor gesalzen. Heute kann man die höchstens 20 cm langen Fische mit dem grünblauen Rücken und den silberglänzenden Flanken dank moderner Transportmittel roh genießen. Sie sollten jedoch unbedingt ganz frisch sein.

In der Gegend von Collioure werden die Sardellen nachts mit Hilfe von Laternen gefischt, die am Bug der Fischerboote angebracht sind: Durch den Schein angelockt, gehen sie in die Netze, die sich unterhalb des Lichts befinden.

Frische Sardellen
mariniert in Olivenöl und Gewürzen

300 g frische Sardellen, geschuppt

20 ml Zitronensaft

30 ml Sherryessig

20 ml Balsamessig

20 ml kaltgepreßtes Olivenöl

1 mittelgroße Tomate

1 EL entsteinte schwarze Oliven

4 Basilikumblätter

½ EL einer Mischung aus weißem, schwarzem, grünem und rosa Pfeffer mit Piment

1 große Prise Sesamkörner

1 große Prise Mohnsamen

1 große Prise Kreuzkümmel

Salz

200 g gemischter Salat

MEINE WEINEMPFEHLUNG
Coteaux du Languedoc blanc, Château des Estanilles

1. Die Sardellen entgräten (dazu den Kopf mit einer Hand festhalten, die Haut unterhalb des Kopfes mit dem Daumennagel der anderen Hand einritzen und die Mittelgräte, die sich von selbst löst, behutsam herausziehen). Die Filets in Salzwasser (30 g pro Liter) 30 Minuten wässern.

2. Die Tomate enthäuten und in kleine Würfel schneiden.

3. Oliven hacken, die Basilikumblätter feinwiegen.

4. Für die Marinade die Pfeffermischung, Sesam, Mohn, und Kreuzkümmel in einem Mörser zerdrücken und mit dem Olivenöl, den beiden Essigsorten und dem Zitronensaft mischen. Gehackte Oliven, Tomatenwürfel und das feingehackte Basilikum dazugeben und alles mit Salz abschmecken.

5. Die gut abgetropften Sardellenfilets mit der Hautseite nach oben in einer flachen Schüssel arrangieren. Die Marinade darübergießen, 3 Stunden bei Zimmertemperatur ziehen lassen und dann mit einem kleinen Salat servieren.

WOLFSBARSCH

*D*er Wolfsbarsch oder Seebarsch lebt im Atlantik, wo er Bar genannt wird, und im Mittelmeer, wo er Loup de mer heißt, und ernährt sich von kleineren Fischen. Er ist häufig allein unterwegs und wagt sich bis in die Häfen, um dort Jagd auf Meeräschen zu machen.

Beim Kauf nehme man möglichst Exemplare von 500 g bis 1 kg Gewicht. Dieser Fisch mit seinem festen weißen Fleisch läßt sich ohne viel Aufwand auf dem Grill oder im Backofen zubereiten: er ist für sich allein eine Delikatesse.

Gebratener Loup de mer mit Oliven

2 Loup de mer à 700 g

2 Tomaten

60 g kleine schwarze Oliven

2 Zweige Fenchel

Geriebene Schale und Saft von ½ Zitrone

5 EL kaltgepreßtes Olivenöl

800 g Kartoffeln

100 g Butter

½ Bund Schnittlauch

Mehl

Salz und frisch gemahlener Pfeffer

1. Die Fische schuppen, ausnehmen, waschen und gut trockentupfen, dann jeweils einen Zweig Fenchel in den Bauch legen.
2. Die ungeschälten Kartoffeln in Salzwasser kochen, abgießen und warm stellen.
3. Die Tomaten enthäuten und in Würfel schneiden. In einem Topf 4 EL Olivenöl, Tomaten, Oliven, Zitronensaft und -schale miteinander vermischen. Salzen und bei schwacher Hitze vorsichtig erwärmen.
4. Die beiden Fische mit Salz und Pfeffer gut würzen und in Mehl wenden, überschüssiges Mehl abschütteln.
5. Den Backofen auf 240 °C erhitzen. Ein Backblech mit Olivenöl einpinseln, die beiden Fische darauf legen und 7 Minuten im Ofen garen. Die Fische wenden, mit Olivenöl beträufeln und weitere fünf Minuten garen.
6. Die Kartoffeln pellen, in eine Schüssel geben und mit der Gabel zerdrücken, dabei die Butter und schließlich den feingehackten Schnittlauch untermengen. Abschmecken und warm stellen.
7. Die Fische aus dem Backofen nehmen, behutsam die Filets ablösen und auf vier vorgewärmten Tellern anrichten. Neben jedes Filet einen Löffel der zerdrückten Kartoffeln setzen und rundherum die vorbereitete Mischung aus Öl, Oliven, Tomaten und Zitrone verteilen. Sofort servieren.

MEINE WEINEMPFEHLUNG

Palette blanc, Château Simone

FISCHE

Gegrillter Wolfsbarsch mit Artischocken auf indische Art

1 Wolfsbarsch von etwa 1,4 kg, filetiert

12 kleine junge Artischocken

12 kleine junge Zwiebeln

1 Prise Curry, 1 Prise Zimt

1 Prise Koriander

1 Prise Ingwer

3 Wacholderbeeren

1 TL Honig

½ Glas Banyuls

Mehl, Erdnußöl

80 g Butter

Salz und frisch gemahlener Pfeffer

1. Restliche Gräten des Fisches mit einer Pinzette entfernen. Jedes Filet halbieren und kühl stellen.
2. Die Zwiebeln schälen.
3. Mit einem kleinen scharfen Messer sämtliche harten Blätter der Artischocken entfernen. Die Artischocken oben und unten ein Stück kürzen, dann vierteln und das Heu entfernen.
4. In einem großen Topf 30 g Butter erhitzen und die Artischocken und Zwiebeln darin dünsten. Die Gewürze zufügen, mit Banyuls ablöschen, dann ½ Glas Wasser zugeben, salzen, pfeffern und etwas einkochen lassen. Warm stellen.
5. Die Fischstücke mit Salz und Pfeffer würzen, in Mehl wenden und überschüssiges Mehl abschütteln. Mit Öl beträufeln und mit der Hautseite nach unten auf den Grill legen. So drehen, daß auf der Haut ein Gittermuster entsteht, wenden und ein paar Sekunden auf der anderen Seite grillen, falls erforderlich auf einem mit Butter bestrichenen Backblech im Backofen nachgaren lassen.
6. Die Garflüssigkeit der Artischocken mit 50 g Butter aufschlagen und nachwürzen. Die Artischocken auf vier vorgewärmte Teller verteilen, die Fischstücke daneben legen, rundherum etwas Sauce gießen und warm servieren.

MEINE WEINEMPFEHLUNG

Bordeaux blanc, Y d'Yquem

HECHT

In Flüssen lebende Hechte – in Frankreich schätzt man besonders die aus der Loire – sind denen, die in Seen leben, vorzuziehen. Der Hecht gilt als sehr gefräßiger Raubfisch – er hat sage und schreibe um die 700 Zähne; im Mittelalter trug er den Beinamen »großer Wasserwolf«, und Grimod de la Reynière nannte ihn den »Attila der Flüsse«. Er kann über einen Meter lang werden. Der Hecht hat weißes, festes Fleisch, aber leider auch viele schwer zu entfernende Gräten. Traditionell wird er in Butter gedünstet, doch ein bis zwei Kilo schwere Exemplare können auch gut im Backofen zubereitet werden.

Gebratener Hecht in Saint-Émilion mit Sellerie-Mousseline

---

1 Hecht von etwa 1,5 kg

1 große Knolle Sellerie

100 ml Crème double

½ Zitrone

1 Glas Saint-Émilion

2 Schalotten

2 EL brauner Fond

100 g Butter

1 EL Olivenöl

Mehl

Salz und frisch gemahlener Pfeffer

MEINE WEINEMPFEHLUNG
Saint-Émilion grand cru, Château Fonplegade

1. Den Bauch des Hechts aufschneiden. Den Fisch ausnehmen, filetieren und mit der Spitze eines Messers und einer Pinzette die Gräten auslösen (sie sind zahlreich!). Die Fischfilets in vier Portionen teilen.

2. Die Sellerieknolle schälen, in große Würfel schneiden und etwa 20 Minuten in Salzwasser, das mit Zitronensaft gesäuert wurde, kochen.

3. Die Schalotten schälen, hacken und in dem Saint-Émilion, nach Hinzufügen des braunen Fonds, weichdünsten. Die Flüssigkeit um ungefähr drei Viertel einkochen lassen, dann die Butter mit dem Schneebesen einrühren und die Sauce warm stellen.

4. Die Selleriewürfel gut abtropfen lassen und in einen Mixer geben. Die Crème double vorsichtig erwärmen, glatt rühren und zu dem Sellerie geben. Alles gut mixen und anschließend mit Salz und Pfeffer abschmecken.

5. In einer beschichteten Pfanne 1 EL Olivenöl erhitzen. Die Hechtportionen mit Salz und Pfeffer würzen, leicht mit Mehl bestäuben und etwa 2 Minuten auf jeder Seite anbraten.

6. Auf vier großen Tellern die zu einem Klößchen geformte Sellerie-Mousseline und daneben den Hecht setzen, rundherum die Sauce verteilen und sofort servieren.

FISCHE

KABELJAU

Kabeljau, der als junger Fisch Dorsch genannt wird, hat perlmuttweißes Fleisch, das sich blättrig von den Gräten löst.

Früher fischten ihn die Bretonen vor Island und Neufundland. Die Fischer schnitten, um ihren Lohn auf dem Rückweg von den Neufundlandbänken festzusetzen, den Fischen die Zunge heraus sobald die Netze eingeholt waren. Auch Alkohol war Bestandteil des Arbeitsvertrags: Jeder Schiffseigner mußte pro Tag und Mann 240 Milliliter Calvados mit an Bord nehmen. Die Zunge und auch die Wangen des Kabeljaus wurden durch Salzen haltbar gemacht. Eier und Leber schmecken geräuchert hervorragend. Dank dieser gut entwickelten Konservierungsmethoden gehörte Kabeljau noch vor gar nicht so langer Zeit zu den wenigen Fischen, die man freitags auch in weit vom Meer entfernt liegenden Gegenden auf den Tisch bringen konnte.

Die Portugiesen haben angeblich für jeden Tag des Jahres ein anderes Kabeljaurezept. Ich bevorzuge die provenzalische Spezialität aus Kabeljau, *Brandade de morue*, das Stockfischpüree, das Ali-Bab in seinem wunderbaren Werk *Gastronomie pratique* beschreibt.

Kabeljau mit Hopfensprossen und Bier-Mousseline

4 Stücke Kabeljau à 160 g
160 g Hopfensprossen
(alternativ Spargelspitzen
oder junger Spinat)
200 g Butter
1 EL Bier
4 Eigelb
100 ml Crème double
1 Zitrone
Salz und frisch gemahlener
Pfeffer

MEINE WEINEMPFEHLUNG
Zu diesem Gericht paßt am besten ein Bier

1. Im Wasserbad 150 g Butter erhitzen und klären.
2. Die Hopfensprossen gründlich putzen, mit Zitronensaft beträufeln und etwa 10 Minuten in Salzwasser garen, abtropfen lassen und zur Seite stellen.
3. Die vier Eigelb in einen kleinen Topf geben und das Bier hinzufügen. Im heißen Wasserbad kräftig aufschlagen, bis die Eigelb beginnen zu binden, dann die geklärte Butter zugeben. Abschmecken und warm stellen.
4. Die vier Kabeljaustücke in Mehl wenden, mit Salz und Pfeffer würzen und insgesamt 3 Minuten (anderthalb Minuten auf jeder Seite) in den verbleibenden 50 g Butter braten. Die Hopfensprossen in der Crème double erwärmen. Die Kabeljaustücke auf ein Bett aus Hopfensprossen legen und rundherum die Bier-Mousseline verteilen. Sofort servieren.

FISCHE

Brandade de Morue Ali-Bab

FÜR 6 PERSONEN
1 kg Stockfisch, gut gewässert
Olivenöl, mehr oder weniger fruchtig
Crème double
Knoblauch
Zitroneschale und -saft
Frische Trüffeln
Madeira
Salz und frisch gemahlener Pfeffer
Blätterteiggehäuse für Königinpasteten
oder Vol-au-vents

1. Den Stockfisch in einen Topf mit viel Wasser geben und zum Kochen bringen. Sobald das Wasser kocht, den Deckel auflegen und die Hitze reduzieren. Den Stockfisch etwa 10 Minuten pochieren, abtropfen lassen, entgräten und in dünne Scheiben schneiden.
2. Die Stockfischscheiben und die Haut zusammen mit 125 g warmem Olivenöl in einen Topf mit schwerem Boden geben und unter kräftigem Rühren erhitzen. Zunächst auf der Kochstelle 5 Minuten bei milder Hitze kräftig rühren, bis das Öl vollständig absorbiert ist. Den Topf vom Herd ziehen und unter ständigem Rühren nach und nach noch etwas Öl zugießen, bis ein ganz glattes Püree entstanden ist.
3. Jetzt die Crème double zufügen, gut unterziehen, und mit zerdrücktem Knoblauch, Zitronensaft, geriebener Zitronenschale und frisch gemahlenem Pfeffer würzen. Abschmecken und gegebenenfalls nachwürzen, dann die gehackten frischen Trüffeln in die Masse einarbeiten.
4. Kurz erhitzen und bis zum Servieren im Wasserbad warm halten.
5. Das Püree in Blätterteighüllen für Königinpasteten oder in Vol-au-vents füllen, mit in Madeira gegarten Trüffelscheibchen dekorieren und servieren.

MEINE WEINEMPFEHLUNG
Saint-Joseph blanc, Bernard Gripa

FISCHE

Gebratener Kabeljau süss-sauer

1 Kabeljaufilet von etwa 700 g

100 ml Olivenöl

500 g Lauch (nur das Weiße)

100 g Butter

100 ml Sherryessig

50 g Honig

1 Schalotte

50 ml trockener Weißwein

10 ml Weißweinessig

1 EL Crème fraîche

Mehl

Salz und frisch gemahlener Pfeffer

1. Das Kabeljaufilet in 4 große Stücke schneiden.
2. Den Lauch putzen, waschen und in 3 cm lange, schräge Stücke schneiden.
3. Den Sherryessig und den Honig zusammen in einem Topf bei schwacher Hitze erwärmen und köcheln lassen, bis die Mischung eine karamelartige Konsistenz bekomen hat. Durch ein Spitzsieb passieren und beiseite stellen.
4. Die Lauchstücke in 50 g Butter und einem halben Glas Wasser etwa 20 Minuten dünsten. Mit Salz und Pfeffer würzen.
5. Die Schalotte schälen und hacken. Weißwein und Weinessig in einen Topf geben und die Schalotten darin dünsten. Die Flüssigkeit bei mittlerer Hitze um die Hälfte einkochen lassen, dann die Crème fraîche zugeben. Erneut um die Hälfte reduzieren und unter ständigem Rühren 50 g Butter hinzufügen. Salzen, pfeffern und durch ein Spitzsieb streichen. Diese Sauce bei schwacher Hitze unter ständigem Rühren mit der Karamelsauce vermischen und beiseite stellen.
6. Die Kabeljaustücke leicht in Mehl wenden, salzen, pfeffern und bei starker Hitze 2 Minuten auf jeder Seite in Olivenöl braten.
7. Den Kabeljau auf vorgewärmte Teller legen, drumherum einen Streifen der Sauce gießen und den Lauch gleichmäßig verteilen. Sofort servieren.

MEINE WEINEMPFEHLUNG

*Alsace pinot blanc,
Rolly Gassmann*

Stockfisch mit Knoblauch und karamelisierten Kartoffeln

---

600 g Stockfisch

600 g Kartoffeln

2 große Zwiebeln

2 Knoblauchzehen

1 Zweig Thymian

1 Lorbeerblatt

1 EL Sonnenblumenöl

150 g Butter

½ l Milch

Salz und

frisch gemahlener Pfeffer

MEINE WEINEMPFEHLUNG
Vacqueyras, E. Dusser

1. Den Stockfisch in kaltem Wasser über Nacht wässern, dazu das Wasser ständig in einem dünnen Strahl laufen lassen.
2. Die Kartoffeln schälen, in feine Scheiben schneiden, waschen, abtropfen lassen und abtrocknen.
3. Den Stockfisch in einen Topf geben und in einer Mischung aus Wasser und Milch pochieren. Den Thymian und das Lorbeerblatt zugeben und alles etwa 10 Minuten köcheln lassen.
4. Den Stockfisch abtropfen lassen und sämtliche Gräten sowie die kleinen dunklen Häute entfernen. Den Fisch in kleine Stücke schneiden und beiseite stellen.
5. Die Zwiebeln schälen, sehr fein hacken und in 20 g Butter goldbraun braten.
6. Die Knoblauchzehen schälen, von dem grünen Keim befreien, hacken und beiseite stellen.
7. Das Öl in einer großen Pfanne erhitzen und die Kartoffeln darin braten. Nach einigen Minuten mit Salz und Pfeffer würzen, die restliche Butter hinzufügen und weiterbraten, bis sie eine schöne Farbe bekommen. Ein Viertel der Kartoffeln beiseite stellen.
8. Die verbleibende Menge Kartoffeln mit dem Fisch, den Zwiebeln und dem gehackten Knoblauch vermengen. Eine Auflaufform damit auslegen und alles leicht andrücken, dann die zurückbehaltenen Kartoffeln schuppenförmig darauf anordnen.
9. Die Form in den auf 180 °C vorgeheizten Backofen schieben und backen, bis die Kartoffeln eine schöne goldbraune Kruste bekommen haben. Sofort servieren.

GOLDBRASSE

An ihrem sehr weißen, festen Fleisch, dem bläulichen Rücken und den silberglänzenden Flanken und vor allem an dem breiten goldenen Band zwischen den Augen erkennt man die echte Goldbrasse, wie sie im Ostatlantik und im Mittelmeer vorkommt. In Frankreich heißt der Fisch mit den »goldenen Augenbrauen« *daurade* oder auch *daurade royale*. Weitere Mitglieder der Familie der Meerbrassen sind die Zahnbrasse und die Sackbrasse, beides Fische mit ausgezeichnetem Fleisch.

Die Goldbrasse sollte nicht verwechselt werden mit dem Graubarsch oder Seekarpfen und der Streifen- oder Brandbrasse, deren Fleisch weniger aromatisch ist. In Japan gehört die Goldbrasse zu den beliebtesten Fischen für das berühmte Sashimi.

FISCHE

Gebratene Rotbrasse mit Knoblauch

**2 Rotbrassen à 800 g (oder 4 à 400 g),
geschuppt und ausgenommen**

16 Knoblauchzehen, ungeschält

100 ml Olivenöl

800 g Tomaten

2 Zweige Fenchel (oder 4 bei 4 Fischen)

10 g Butter

2 Schalotten

100 ml Geflügelbrühe

½ EL gehackte Petersilie

15 g Zucker

Mehl

Salz und frisch gemahlener Pfeffer

---

1. Die Rotbrassen gut abspülen und auf einem Tuch abtropfen lassen.
2. Die Knoblauchzehen in eine flache Schüssel legen, mit Olivenöl übergießen, mit Alufolie abdecken und 20 Minuten bei schwacher Hitze im Backofen garen.
3. Den Stielansatz der Tomaten entfernen und die Tomaten 5 Sekunden in kochendes Wasser tauchen. Mit kaltem Wasser abschrecken, häuten, halbieren, dann die Kerne und den Saft ausdrücken. Das Tomatenfleisch grob zerkleinern und mit 50 ml Olivenöl, 15 g Zucker und einer Prise Salz in der Pfanne dünsten. Zu einem ziemlich festen Püree einkochen lassen.
4. Die Schalotten schälen, hacken und unter Zugabe der Geflügelbrühe in der Butter andünsten. Um zwei Drittel einkochen, dann 2 EL Olivenöl gut einrühren, erneut abschmecken und warm stellen.
5. Einen großen Bräter in den auf 200 °C vorgeheizten Backofen stellen. Je einen Fenchelstengel in jeden Fisch geben, die Fische mit Salz und Pfeffer würzen, in Mehl wenden und überschüssiges Mehl abklopfen.
6. In den gut erhitzten Bräter 2 EL Olivenöl gießen, die Fische hineingeben und 5 Minuten im Ofen garen lassen. Die Knoblauchzehen mit dem Öl, in dem sie gegart wurden, hinzufügen und die Fische damit während der weiteren Garzeit von etwa 10 Minuten großzügig begießen.
7. Die Fische filetieren (was etwas schwierig sein kann, aber durchaus machbar ist, falls sie richtig gar sind), und die Filets auf vier vorgewärmte Teller legen. Dazu je einen Löffel Tomatenpüree und die Knoblauchzehen auf die Teller geben, dann rundherum die Sauce angießen. Die gehackte Petersilie darüberstreuen und sofort servieren.

MEINE WEINEMPFEHLUNG

Saint-Péray, Lionnet

FISCHE

Gegrillte Goldbrasse mit gebackenen Tomaten

4 Goldbrassen à 400 g

8 Tomaten von bester Qualität

1 Zwiebel

300 ml Olivenöl

Saft von 1 Zitrone

4 Zweige Thymian

4 Lorbeerblätter

Mehl

Salz und

frisch gemahlener Pfeffer

1. Den Stielansatz der Tomaten entfernen und die Tomaten 5 Sekunden in kochendes Wasser tauchen. Mit kaltem Wasser abschrecken, häuten, halbieren und die Kerne und den Saft vorsichtig ausdrücken.
2. Die Zwiebel schälen, hacken und in einem Bräter in etwas Olivenöl andünsten. Die Tomatenhälften darauf legen, mit Salz und Pfeffer würzen, mit Olivenöl begießen und bei niedriger Hitze (120 °C) 2 Stunden im Backofen garen. Den Garvorgang überwachen, denn die Tomaten sollen leicht austrocknen, ohne jedoch braun zu werden.
3. Je einen kleinen Zweig Thymian und ein Lorbeerblatt in die Goldbrassen geben. Die Fische salzen, pfeffern, in Mehl wenden und mit Öl beträufeln. Auf den Grill legen und auf beiden Seiten so grillen, daß auf der Haut der Fische ein Gittermuster entsteht. Dann im Backofen etwa 10 Minuten zu Ende garen.
4. Den Zitronensaft mit 250 ml Olivenöl verrühren. Die Tomatenhälften auf vier vorgewärmte Teller verteilen, je eine Goldbrasse auf die Teller legen, rundherum das mit Zitronensaft gewürzte Olivenöl angießen und sofort servieren.

MEINE WEINEMPFEHLUNG

Saint-Joseph, Bernard Gripa

Roter Knurrhahn

Im Mittelmeerraum heißt dieser Knurrhahn mit den blauen Brustflossen *galinette*. Der Fisch erzeugt mit seiner Schwimmblase ein knurrendes Geräusch, dem er seinen Namen verdankt. Die Fische haben ein sehr feines Fleisch, doch spielten sie lange Zeit als Speisefisch keine große Rolle, da ihr Fleischanteil relativ gering ist. Inzwischen aber sind sie bei den besten Chefköchen sehr gefragt.

Gebratener Knurrhahn mit Basilikum

2 Knurrhähne à 1,2 kg, filetiert
1 schöner Zweig Basilikum
150 ml kaltgepreßtes Olivenöl
4 rote Paprikaschoten
1 Knoblauchzehe, zerdrückt
Mehl
Salz und frisch gemahlener Pfeffer

MEINE WEINEMPFEHLUNG
*Côtes de Provence blanc,
Domaine de la Courtade*

1. Die Knoblauchzehe für mindestens 1 Stunde in dem Olivenöl einlegen.
2. Die Paprikaschoten einzeln in Alufolie wickeln und im vorgeheizten Backofen bei 180 °C eine halbe Stunde garen.
3. Die Paprikaschoten aus dem Backofen nehmen, mit einem Messer anritzen, enthäuten und halbieren, in dünne Streifen schneiden und in einer Auflaufform anordnen. Einige Löffel von dem mit Knoblauch aromatisierten Olivenöl darübergießen und das Gemüse im Backofen bei 70 °C warm stellen.
4. Noch vorhandene Gräten in den Fischfilets mit einer Pinzette entfernen, die Filets salzen, pfeffern und in Mehl wenden.
5. In einer sehr heißen beschichteten Pfanne die einzelnen Fischportionen (die Hautseite nach oben) mit einem Löffel Olivenöl begießen, bei starker Hitze 1 Minute braten, wenden und die Pfanne für etwa 5 Minuten in den auf 180 °C vorgeheizten Backofen stellen. Das Basilikum feinhacken und beiseite stellen.
6. Die Paprikaschoten und Fischfilets auf vier vorgewärmte Teller verteilen. Mit dem aromatisierten Olivenöl begießen und gehacktes Basilikum darüberstreuen. Sofort servieren.

GERÄUCHERTER SCHELLFISCH

Das Fleisch des Schellfischs wird nach dem Räuchern orangefarben. So zubereitet wird der Schellfisch in England gern zum Frühstück gegessen – bei den Schotten sogar zum Nachmittagstee. Schellfisch – als Frischfisch nennt man ihn Angelschellfisch – hat zartes, weißes Fleisch. Gefischt wird er in Island und in den Gewässern nördlich von Norwegen bis nach Portugal, und am besten schmeckt er in der Zeit von Oktober bis April. In Milch pochiert ist der geräucherte Schellfisch besonders delikat. Der Kochkünstler Curnonsky hat das Gericht um eine kleine Raffinesse bereichert, indem er auf das Stück pochierten, geräucherten Schellfisch ein verlorenes Ei setzte.

Geräucherter Schellfisch in Milch pochiert

600 g geräucherter Schellfisch
1 l Milch
1 Lorbeerblatt
1 Zweig Thymian
800 g kleine junge Kartoffeln
½ Bund glatte Petersilie
150 g Butter
Saft von 1 Zitrone
Salz und frisch gemahlener Pfeffer

1. Die Haut und die restlichen Gräten des geräucherten Schellfischs entfernen und den Fisch in vier gleich große Stücke schneiden.
2. Die Kartoffeln kräftig abbürsten und in Salzwasser gar kochen. Die Petersilienblätter abzupfen, waschen und hacken.
3. Die Milch mit Thymian und Lorbeer zum Kochen bringen. Den Schellfisch darin 6 Minuten, bei schwacher Hitze, pochieren.
4. Den Zitronensaft mit einem Eßlöffel Wasser vermischt zum Kochen bringen. Salzen, pfeffern und mit 100 g Butter aufschlagen. Warm stellen.
5. Die Kartoffeln abtropfen lassen, dann in der restlichen Butter und der gehackten Petersilie wenden.
6. Den Fisch auf einem Tuch abtropfen lassen, auf vier vorgewärmte Teller legen, dazu die Petersilienkartoffeln geben und rundherum die mit dem Zitronensaft aufgeschlagene Butter angießen. Sofort servieren.

MEINE WEINEMPFEHLUNG
Muscadet sur lie de Sèvre-et-Maine

SEETEUFEL

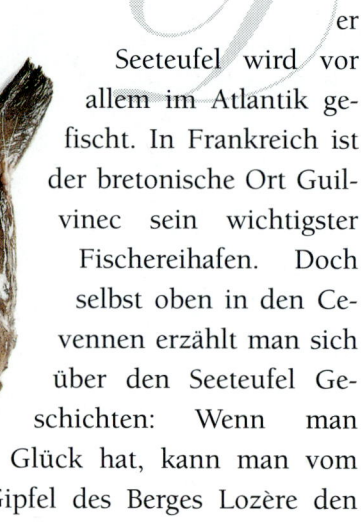

Der Seeteufel wird vor allem im Atlantik gefischt. In Frankreich ist der bretonische Ort Guilvinec sein wichtigster Fischereihafen. Doch selbst oben in den Cevennen erzählt man sich über den Seeteufel Geschichten: Wenn man Glück hat, kann man vom Gipfel des Berges Lozère den Leuchtturm von Sète sehen und sich vorstellen, daß dort im Meer sehr große Fische umherschwimmen. Wahre Ungeheuer von Fischen mit furchterregenden Köpfen (in den Auslagen beim Fischhändler sieht man nur selten den Kopf des Seeteufels), Fische, die recht eingebildet sein müssen, denn sie haben, so sagen böse Zungen, »einen großen Kopf und einen kleinen Hintern«. Diderots Enzyklopädie bewertet ihn übrigens auch nicht besser, in ihr wird behauptet, daß »sein Fleisch schlecht schmeckt und übel riecht«. Erst nach dem Ersten Weltkrieg erfuhr er eine kulinarische Aufwertung, und heute ist er aus den Küchen der feinen Restaurants nicht mehr wegzudenken.

Gebratener Seeteufel mit Zwiebel-Confit

4 Schwanzstücke vom Seeteufel à 400 g, enthäutet, filetiert und in Stücke geschnitten
32 kleine Zwiebeln
80 g Butter
1 EL Erdnußöl
Mehl
30 g Zucker
Salz und frisch gemahlener Pfeffer

MEINE WEINEMPFEHLUNG
*Savigny-lès-Beaune blanc,
Domaine Vincent Girardin*

1. Die Zwiebeln schälen und zusammen mit ½ Glas Wasser, 20 g Butter, 30 g Zucker und einer Prise Salz auf drei Viertel der Menge einkochen lassen. Mit Pergamentpapier abdecken und zur Seite stellen.
2. Das Öl mit der restlichen Butter in einem großen schweren Topf erhitzen. Die Seeteufelstücke salzen, pfeffern und in Mehl wenden, in der heißen Öl-Butter-Mischung rundherum goldbraun braten.
3. Nach 5 Minuten die Zwiebeln zufügen, nachwürzen, dann den Topf 5 Minuten in den auf 160 °C vorgeheizten Backofen stellen. Weitere 5 Minuten garen und den Fisch dabei mit dem Saft, der sirupartig sein soll, begießen.
4. Den Fisch im Topf servieren.

Seeteufel-Paella

800 g Seeteufel, enthäutet

**200 g Kalmare,
ausgenommen und in Ringe geschnitten**

**200 g Miesmuscheln,
abgebürstet und gewaschen**

1 große Zwiebel

200 g Reis

1 mittelgroße rote Paprikaschote

1 g Safranfäden

4 EL Olivenöl

350 ml Geflügelbrühe

Mehl

Salz und frisch gemahlener Pfeffer

MEINE WEINEMPFEHLUNG
Milmanda, Miguel Torres

1. Die Hälfte des Olivenöls in einer Paellapfanne erhitzen, die abgetropften Miesmuscheln und die Kalmarringe rasch anbraten, dann aus der Pfanne nehmen und beiseite stellen.

2. Die Zwiebel schälen und hacken. Die Paprikaschote enthäuten und in dünne Streifen schneiden. Die Geflügelbrühe erhitzen. Bei niedriger Hitze in der Paellapfanne in 1 EL Olivenöl Zwiebeln und Paprika andünsten. Den Reis hinzufügen und unter ständigem Rühren glasig dünsten. Die heiße Geflügelbrühe zur Reismischung gießen. Den Safran zugeben, mit Salz und Pfeffer abschmecken und den Reis weitere 8 Minuten im auf 200 °C vorgeheizten Backofen garen.

3. Den Seeteufel in 12 gleich große Stücke schneiden. Salzen, pfeffern, in Mehl wenden und im restlichen Olivenöl kurz goldbraun anbraten.

4. Den Reis aus dem Ofen nehmen, Seeteufelstücke, Kalmare und Muscheln darauf anordnen und bei 160 °C im Backofen 6 Minuten garen. In der Paellapfanne servieren.

Geschmorter Seeteufel mit Feldthymian

4 Schwanzstücke vom Seeteufel à 400 g, enthäutet

100 ml Olivenöl

150 g Möhren mit dem Grün

100 g junge Zwiebeln

150 g junge weiße Rüben

8 Kartoffeln

60 g Butter

10 g Zucker

1 Zweig Feldthymian

Mehl

Salz und frisch gemahlener Pfeffer

MEINE WEINEMPFEHLUNG
*Bandol blanc, Domaine Ott,
Château Romassan*

1. Rüben, Zwiebeln und Möhren schälen, das Kraut der Möhren bis auf 1 cm abschneiden.
2. Die Kartoffeln schälen und in Salzwasser kochen.
3. Die Möhren zusammen mit 20 g Butter, Salz, Pfeffer und einer Prise Zucker in einen Topf geben und gerade so viel Wasser zugießen, daß die Möhren knapp bedeckt sind.
4. Mit den Rüben und den Zwiebeln ebenso verfahren, dann die drei Töpfe bei schwacher Hitze aufsetzen. Sobald die Flüssigkeit zu drei Viertel verdampft ist, die Töpfe beiseite stellen.
5. Die ganzen Seeteufel-Schwanzstücke leicht in Mehl wenden, salzen, pfeffern und in einem schweren Topf (möglichst aus Gußeisen) in Olivenöl goldbraun anbraten.
6. Die Möhren, Rüben und Zwiebeln mit ihrem restlichen Sud, den Thymian und die Kartoffeln zum Fisch geben. Bei schwacher Hitze etwa 10 Minuten garen und im Schmortopf servieren.

Gebratene Seeteufelbäckchen mit Persillade

400 g Seeteufelbäckchen, enthäutet

6 Knoblauchzehen, geschält

1 Glas Milch

½ Bund glatte Petersilie

1 EL Erdnußöl

120 g Butter

Saft von ½ Zitrone

Mehl

Salz und frisch gemahlener Pfeffer

MEINE WEINEMPFEHLUNG
Pernand-Vergelesses, Rollin Père et Fils

1. Die Seeteufelbäckchen gut trockentupfen.
2. Die Knoblauchzehen 15 Minuten in der Milch garen, abtropfen lassen und zerdrücken.
3. Die Petersilienblätter waschen und feinhacken.
4. In einer beschichteten Pfanne das Öl und ein Stück Butter erhitzen. Die Bäckchen salzen und pfeffern, leicht in Mehl wenden und dann 1 bis 2 Minuten auf einer Seite braten, wenden und mit der restlichen Butter zu Ende braten. Schließlich mit Zitronensaft beträufeln.
5. Die Bäckchen aus der Pfanne nehmen und warm stellen. Die Butter aus der Pfanne durch ein Filterpapier in eine kleine Schüssel abgießen, dann mit dem Knoblauch und der Petersilie mischen. Die Bäckchen auf vier vorgewärmte Teller verteilen, mit der Persillade beträufeln und sofort servieren.

ROCHEN

Der Rochen, genauer gesagt der Stachel- oder auch Nagelrochen, *Raja clavata*, ist ein ausgesprochen zartfleischiger Fisch. Er wird mit seiner dunkel gefleckten, schleimigen Haut verkauft, die vor der weiteren Verarbeitung abgezogen werden muß. Dieser schleimige Überzug hat allerdings einen Vorteil: er erneuert sich innerhalb von zehn Stunden nach dem Tod des Fischs und zeigt so an, wie frisch er ist. Die beste Qualität erhält man, wenn man den Rochen bis zu zwei Tage kühl stellt, damit er schön »abgehangen« ist, ähnlich wie bei Fleisch.

Besonders gute Rochen kommen aus den Gewässern der südlichen Bretagne. Gefangen werden sie direkt vom sandigen Meeresgrund, wo sie schlafen. Große, von Schiffen gezogene Rechen heben sie vom Grund und treiben sie in die Netze.

Dieser Fisch kann übrigens für die Fischer sehr gefährlich werden. Er greift zwar nicht an, verteidigt sich aber, indem er kräftige elektrische Schläge austeilt.

Rochenflügel auf Wirsing

800 g Rochenflügel, enthäutet
600 g Wirsing
100 g Möhren
50 ml Olivenöl
150 g Butter
1 Schalotte
100 ml Sherryessig
1 EL Crème fraîche
Salz und frisch gemahlener Pfeffer

MEINE WEINEMPFEHLUNG
Châteauneuf-du-Pape blanc, Domaine de Nalys

1. Die Blätter des Wirsings ablösen, die dicken Rippen entfernen und die Wirsingblätter sorgfältig mehrmals in frischem Wasser waschen.
2. Die Wirsingblätter 5 Minuten in kochendem Wasser blanchieren, in eiskaltem Wasser abschrecken, abtropfen lassen, salzen und pfeffern.
3. Die Möhren putzen und in 7 bis 8 mm dicke Scheiben schneiden. In einen Topf geben, mit Wasser bedecken, salzen, pfeffern und 25 g Butter hinzufügen. Die Möhren kochen, bis die Flüssigkeit verkocht ist. Beiseite stellen.
4. In einem Topf 25 g Butter mit 30 ml Wasser zerlassen, den Wirsing hinzugeben und 20 Minuten bei schwacher Hitze garen. Am Ende der Kochzeit die Möhren hinzufügen.
5. Die Schalotte schälen, hacken und mit dem Sherryessig und der Crème fraîche um die Hälfte einkochen lassen. Anschließend bei schwacher Hitze die restlichen 100 g Butter unterschlagen. Beiseite stellen.
6. Den Rochenflügel in 4 Stücke schneiden und unter kaltem Wasser gut waschen. Die Stücke trockentupfen, salzen, pfeffern und auf jeder Seite 2 Minuten im Olivenöl braten.
7. Die Wirsingblätter mit den Möhren auf vier vorgewärmten Tellern arrangieren. Die Rochenstücke darauflegen und mit der Sauce umgießen.

Meerbarbe

Messalina, die Gattin des römischen Kaisers Claudius, servierte gern Meerbarbe mit blühendem Bohnenkraut. René Lasserre dagegen hatte eine Vorliebe für Meerbarbe mit Jasmin. Maurice Siégel bereitete diesen zarten Fisch am liebsten mit Sahne zu. Der Name »Barbe« rührt übrigens von den Bartfäden am Kinn des Fisches.

Für den Koch sind zwei Barben von Bedeutung: die Rote Meerbarbe und vor allem die Streifenbarbe, die, zumindest als kleineres Exemplar, vor dem Garen nicht ausgenommen werden muß, da sie keine Galle besitzt – daher auch ihr Name »Schnepfe des Meeres«. Wird sie doch ausgenommen, dann behält man in jedem Fall die Leber zurück – sie ist eine Delikatesse.

Meerbarben sind in den bretonischen Gewässern sehr verbreitet, doch auch die aus dem Mittelmeerraum gelten als ausgezeichnet. Sie erfreuen sich schon in der Antike großer Beliebtheit. Die Epikureer in Rom stritten sich auf dem Markt um die größten Exemplare und boten dafür bis zu 8000 Sesterzen, zu jener Zeit ein kleines Vermögen. Die Legende sagt, die Meerbarbe ist, wie die Göttin Venus, dem Schaum des Meeres entstiegen.

Im 15. Jahrhundert hat der Abt Coralis, ein großer Gourmet, die Meerbarbe lyrisch besungen: »Sie erweckt fleischliche Gelüste, sie ist das Werk des Teufels, sie ist der Dämon schlechthin.«

Von August bis Oktober schmecken diese Fische am besten. In der Region von Port-Vendres fängt man die Streifenbarbe mit langen Netzen, die die Fischer gegen Mitternacht nur einige Meter von den Felsen entfernt auslegen und bei Sonnenaufgang wieder einholen. Diese Art des Fischfangs strapaziert allerdings die Netze: Schon beim geringsten Windstoß schlagen sie gegen die Felsen, was große Schäden verursacht. Das ist einer der Gründe, warum die Streifenbarbe so selten gefischt wird und die Rote Meerbarbe häufiger auf dem Markt zu finden ist.

FISCHE

Duo von Meerbarbe und Wolfsbarsch auf provenzalische und bretonische Art

---

1 Wolfsbarsch von etwa 500 g

2 Streifenbarben à 250 g

4 Tomaten

2 Artischocken

1 Schalotte

1 Knoblauchzehe

1 Glas Cidre

100 ml Sahne

80 g Butter

100 ml Olivenöl

2 Basilikumblätter

Mehl

Salz und frisch gemahlener Pfeffer

---

1. Die Knoblauchzehe schälen, den Keim entfernen, den Knoblauch zerdrücken und eine Stunde in drei Viertel des Olivenöls einlegen.
2. Die Tomaten häuten, halbieren und entkernen. In einem Bräter arrangieren, mit Salz und Pfeffer würzen, mit dem Knoblauch-Olivenöl übergießen und 2 Stunden bei schwacher Hitze (100 °C) im Backofen garen.
3. Die Artischockenblätter entfernen, die Artischocken mit einem kleinen Messer parieren und nur die Böden zurückbehalten. Das Heu entfernen, dann die Artischockenböden in dünne Scheiben schneiden und in einer Pfanne in 60 g Butter halb zugedeckt etwa 10 Minuten dünsten, dabei häufig rühren. Salzen und pfeffern.
4. Die Streifenbarben und den Wolfsbarsch schuppen, ausnehmen und filetieren (die Leber der Streifenbarben aufbewahren). Letzte Gräten mit einer Pinzette entfernen. Die Wolfsbarschfilets halbieren.
5. Die Schalotte schälen, feinhacken und zu dem Cidre geben. Alles um drei Viertel einkochen lassen. Die Sahne zufügen, um die Hälfte einkochen lassen, dann 20 g Butter unterschlagen, salzen, pfeffern und warm stellen.
6. Die Basilikumblätter feinhacken und im restlichen Olivenöl warm halten.
7. In einer großen beschichteten Pfanne 2 EL Olivenöl erhitzen. Die Fischfilets salzen, pfeffern, leicht in Mehl wenden und mit der Hautseite nach unten anbraten: den Wolfsbarsch 40 Sekunden und die Streifenbarben 30 Sekunden. Die Fische umdrehen und jeweils 30 bzw. 20 Sekunden weiterbraten, dann auf Küchenpapier abtropfen lassen. Die Leber der Streifenbarben halbieren und 4 Sekunden in der Pfanne braten.
8. Auf vier große vorgewärmte Teller die Artischocken verteilen und darauf ein Stück Wolfsbarsch legen. Daneben die gebackenen Tomaten geben und darauf die Streifenbarbenfilets mit der Leber arrangieren. Die Artischocken mit etwas Cidrecreme und die Tomaten mit ein wenig Basilikum-Olivenöl umgeben. Jetzt sind Provence und Bretagne auf einem Teller vereint!

MEINE WEINEMPFEHLUNG

Chassagne-Montrachet Morgeot, Olivier Leflaive

Gebackene Streifenbarbe

---

2 Streifenbarben à 700 g

100 ml Olivenöl

1 große Tomate

1 rote Paprikaschote

1 Zitrone

2 Schalotten

4 Knoblauchzehen

1 Zweig Thymian

50 ml trockener Weißwein

Salz und frisch gemahlener Pfeffer

---

1. Die Fische schuppen und unter kaltem Wasser abspülen. Ausnehmen, wobei die Leber in den Fischen bleibt. Das Innere der Fische nicht ausspülen. Salzen und pfeffern.
2. Die Hälfte des Olivenöls in eine feuerfeste Steingutform geben, die Fische hineinlegen, die Schwanzflossen mit Alufolie umwickeln.
3. Die Paprikaschote waschen und in große viereckige Stücke schneiden, die Schalotten schälen und in dicke Stücke schneiden. Zusammen mit den ungeschälten Knoblauchzehen in die Form geben. Die Fische mit dem restlichen Olivenöl begießen und die Form in den auf 180 °C vorgeheizten Backofen stellen.
4. Die Tomate häuten, entkernen und in große Stücke zerteilen. Die Zitrone waschen, mit der Schale in dicke Scheiben schneiden.
5. Nach 10 Minuten Garzeit die Tomate, Zitrone und den Thymianzweig in die Form geben und die Fische mit dem inzwischen entstandenen Sud übergießen.
6. Nach weiteren 10 Minuten den Weißwein zufügen und die Fische erneut mit Sud übergießen.
7. Weitere 5 Minuten garen lassen, die Alufolie entfernen und die Fische in der Form servieren.

Bei Tisch die Fische in Portionsstücke schneiden und die Leber verteilen, die am besten auf den Streifenbarbenfilets arrangiert wird.

MEINE WEINEMPFEHLUNG
Barolo, Luciano Sandrone

FISCHE

Fritierte kleine Meerbarben in pikanter Sauce

500 g kleine Meerbarben
(ca. 6 cm lang; da diese kleinen Fische
in großer Zahl zur Zeit der Weinlese erscheinen,
nennt man sie in Frankreich *vendangeurs* –
also Weinleser)
Oliven- und Erdnußöl
1 Schalotte
1 kleine Knoblauchzehe
Cayennepfeffer
Mehl
Petersilie
Salz und frisch gemahlener Pfeffer
FÜR DIE MAYONNAISE
2 Eigelb, etwas Senf,
je 150 ml Oliven- und Erdnußöl,
Salz und frisch gemahlener Pfeffer

1. Die Mayonnaise zubereiten. Die Schalotte und den Knoblauch schälen und feinhacken, unter die Mayonnaise ziehen und alles, je nach Geschmack, mit Cayennepfeffer würzen. In eine Sauciere geben und bei Zimmertemperatur zur Seite stellen.
2. Die Fische abspülen und vorsichtig schuppen, aber nicht ausnehmen. Die Fische mit Küchenpapier gründlich trockentupfen. In Mehl wenden und leicht abklopfen, um überschüssiges Mehl zu entfernen.
3. Die Fische in einer Friteuse bei 180 °C ausbakken, anschließend auf Küchenpapier legen, damit überschüssiges Öl aufgesaugt werden kann. Salzen und pfeffern.

Auf einer Platte zusammen mit fritierter Petersilie anrichten und dazu die pikante Sauce reichen.

MEINE WEINEMPFEHLUNG

Coteaux du Gard, Cuvée Veuve Mathilde

FILETS VON STREIFENBARBEN

**4 Streifenbarben à 300 g,
geschuppt und filetiert
(die Gräten und die Leber aufbewahren)**

1 kleine Möhre

1 kleine Zwiebel

2 Knoblauchzehen

1 Bouquet garni

(Petersilie, Thymian, Lorbeer, Bleichsellerie)

1 Schalotte

50 ml Banyuls

100 g Butter

2 EL Olivenöl

Mehl

Salz und frisch gemahlener Pfeffer

MEINE WEINEMPFEHLUNG

*Côtes du Lubéron rouge, Grand Deffand,
Château de la Verrerie*

1. Die Zwiebel und Möhre schälen und in kleine Stücke schneiden. Die Knoblauchzehen schälen und zerdrücken, dann alles zusammen in 20 g Butter dünsten. Die Gräten hinzufugen, einige Minuten mitdünsten lassen, das Ganze knapp mit Wasser bedecken, das Bouquet garni hineingeben und die Mischung etwa 10 Minuten köcheln lassen. Die Flüssigkeit abseihen: Man erhält ungefähr 6 Eßlöffel Fond.

2. Die Schalotte schälen, feinhacken und in einen großen Topf geben. Den Fischfond zufügen und um die Hälfte einkochen lassen. Den Banyuls einrühren und noch einmal etwas reduzieren lassen. Mit Salz und Pfeffer abschmecken.

3. Die Fischleber rasch anbraten, so daß sie noch gut rosa bleibt, und zusammen mit der übrigen Butter zu dem eingekochten Fond geben. Im Mixer glatt pürieren, noch einmal abschmecken und warm stellen.

4. Das Olivenöl in einer beschichteten Pfanne erhitzen. Die Fischfilets salzen, pfeffern, dann in Mehl wenden und auf der Hautseite 1 Minute braten. Wenden und weitere 30 Sekunden braten. Aus der Pfanne nehmen und auf Küchenkrepp abtropfen lassen.

5. Etwas Sauce auf vier vorgewärmte Teller geben, jeweils 2 Fischfilets darauf legen und sofort servieren.

FISCHE

SARDINE

Dieser einfache Fisch wird überwiegend als Dosenware verkauft, seit Joseph Colin aus Nantes im Jahre 1820 dazu die Idee hatte. Dennoch werden Sardinen nach wie vor auch auf andere Art und Weise zubereitet: man ist sie roh, mariniert, gebraten, in der Papierhülle gebacken, gegrillt oder als Terrine, auch wenn so manch einer der Ansicht ist, daß es eigentlich nichts Besseres gibt als eine schlichte Sardine in Öl. Heinrich IV. aß übrigens nach seinem Übertritt zum Katholizismus in der Fastenzeit regelmäßig frische Sardinen.

Der beste Sardinenfang, der ausschließlich nachts stattfindet, ist der Netzfang, wie er an der bretonischen Küste in Audierne, Concarneau, Douarnenez und vor allem in Quiberon, dem wichtigsten Sardinenfischereihafen, wie auch auf der Belle-Île praktiziert wird. Weiter südlich, an der Küste der Charente, wo die größeren Sardinen, die Pilchards, gefangen werden, fischt man zunehmend mit dem Grundschleppnetz, einem trichterförmigen Netz, das von einem oder zwei Schiffen gezogen wird.

Die in Öl konservierten Sardinen – die Dose ist mit der Jahreszahl versehen – entwickeln erst nach mindestens einem Jahr ihren vollen Geschmack. Bis dahin dreht man die Dose am besten einmal im Monat um, damit die obere Lage Sardinen nicht austrocknen kann.

SARDINEN AUF TOMATEN UND PAPRIKA

16 Sardinen

1 große Zwiebel

1 Knoblauchzehe

2 rote Paprikaschoten

4 Tomaten

1 Prise Cayennepfeffer

50 ml Olivenöl

1 Lorbeerblatt

1 Prise Thymianblüten

Mehl

Salz und frisch gemahlener Pfeffer

MEINE WEINEMPFEHLUNG
Ein Vin Gris aus Guerrouane (Marokko)

1. Die Sardinen schuppen, von den Köpfen befreien, ausnehmen und gut trockentupfen.
2. Die Paprikaschoten häuten, vierteln, entkernen und dann in feine Würfel schneiden.
3. Die Tomaten häuten, entkernen und hacken.
4. Die Zwiebel schälen und feinhacken, dann in einem schweren Topf in dem Olivenöl andünsten. Paprikawürfel hinzufügen, 3 Minuten dünsten, dann die Tomaten, die geschälte und zerdrückte Knoblauchzehe, die Thymianblüten, das Lorbeerblatt, den Cayennepfeffer und 1 Prise Salz zugeben.
5. Alles eine Viertelstunde bei schwacher Hitze ziehen lassen und dann in eine ovale Auflaufform geben.
6. Die Sardinen mit Salz und Pfeffer würzen, in Mehl wenden und bei starker Hitze in Olivenöl 15 Sekunden auf beiden Seiten braten, dann auf das Gemüsebett legen und etwa 2 bis 3 Minuten im auf 120 °C vorgeheizten Backofen zu Ende garen.
7. Die Form aus dem Backofen nehmen, 10 Minuten ruhen lassen und das Gericht lauwarm servieren.

LACHS

Der Lachs ist ein Wanderfisch, der, nachdem er sein Leben im Süßwasser begonnen hat, als Jungfisch ins Meer wandert, um dann zum Laichen erneut ins Süßwasser zurückzukehren. Bei uns wandern die Weibchen, gefolgt von den Männchen, die Loire hinauf bis zu den Laichplätzen des Allier. Im Dezember legen sie Tausende von Eiern ab, und im Frühjahr schlüpfen die Jungfische. Sie bleiben mindestens ein Jahr in dieser Umgebung, bevor sie sich auf den Weg ins Meer machen. Dann durchqueren sie den Atlantik bis vor Grönland, wo sie sich von Fischen und Krebstieren ernähren. Nach drei Jahren und mit wesentlich mehr Gewicht treten sie den Rückweg zur Loire an und schwimmen flußaufwärts bis zum Allier, wo ihr Lebenszyklus einst begonnen hatte, um zu laichen.

Natürlich könnte der in einem der beiden Rezepte empfohlene schottische Lachs auch durch Lachs aus Loire, Adour oder Allier ersetzt werden. Doch die Wasserverschmutzung, die Flußbegradigungen (es gibt allerdings auch Lachs-»Schleusen«) und die hohen Fangzahlen haben den Lachsbestand in den französischen Flüssen stark vermindert. In der Loire beispielsweise werden weniger als eine Tonne gefangen.

Gault und Millau haben unlängst einen Test organisiert, bei dem sich herausstellte, daß schottischer Zuchtlachs in jeder Beziehung erstklassig sein kann. Die Jury, die sich aus renommierten Fachleuten zusammensetzte, staunte nicht schlecht, als ein Zuchtlachs besser abschnitt, als alle Wildlachse.

Lachs, ob nun aus Norwegen, Schottland, Schweden oder Frankreich, ißt man roh, mariniert, gebacken, gedämpft, geräuchert oder als *scaloppine*, so die inzwischen modisch gewordene italienische Bezeichnung für kleine Schnitzel. Als erster hat Alex Humbert vom Maxim's Lachs als Schnitzel zubereitet. Seine Nachfolger waren Jean und Pierre Troisgros in Roanne, die den Lachs wie ein Wiener Schnitzel flach klopften. Das Rezept für Lachsschnitzel mit Sauerampfer hat die Brüder Troisgros berühmt gemacht (zu Ehren dieses Gerichts wurde der Bahnhof von Roanne übrigens rosa und grün gestrichen) und danach seinen Siegeszug um die Welt angetreten.

Für uns ist der Lachs ein edler Fisch. Das war jedoch nicht immer so: noch im letzten Jahrhundert streikten die Landarbeiter auf den Bauernhöfen in der Bretagne, wenn man ihnen öfter als einmal pro Woche Lachs vorsetzte!

Lachs-Scaloppine mit Austern

~~~~

4 kleine Lachsschnitzel à 80 g

16 Felsenaustern

2 Bund Brunnenkresse

100 ml Crème double

40 g Butter

Frische Kräuter

(Schnittlauch, Kerbel, Estragon)

Salz und frisch gemahlener Pfeffer

~~~~

MEINE WEINEMPFEHLUNG

Savennières, Soulez

1. Für die Kresse-Mousse die Kresse waschen und die Blätter blanchieren. Gut ausdrücken und im Mixer zusammen mit der lauwarmen Crème double zu einem glatten Püree verarbeiten.
2. Mit Salz und Pfeffer abschmecken und im warmen Wasserbad die Temperatur halten.
3. In einer beschichteten Pfanne den Lachs bei schwacher Hitze garen.
4. Die Austern auslösen und im eigenen Saft erhitzen. Abtropfen lassen und warm stellen, den Saft aufbewahren.
5. Die Lachsschnitzel, sobald sie bis auf halbe Höhe weißlich geworden sind, auf vorgewärmte Teller legen. Etwas von der Kresse-Mousse um den Lachs herum anordnen.
6. Den Austernsaft erhitzen und die Butter kräftig unterschlagen. Auf jedem Teller vier Austern arrangieren und mit der Sauce übergießen.
7. Die frischen Kräuter waschen, trockentupfen, feinhacken und die Lachsschnitzelchen damit vor dem Servieren garnieren.

FISCHE

Schottischer Lachs mit Flusskrebsen

---

600 g Lachsfilet,
in 4 Portionen geschnitten
400 g Flußkrebse
1 Bouquet garni (Petersilie, Thymian,
Lorbeer, Bleichsellerie)
1 große Zwiebel
1 Möhre
1 Bund Kerbel
200 ml Sahne
1 Glas trockener Weißwein
20 g Butter
Erdnußöl
Cognac
Salz und
frisch gemahlener Pfeffer

MEINE WEINEMPFEHLUNG
Sancerre, Clos de La Poussie

1. Mit dem Bouquet garni eine Courtbouillon zubereiten und die Krebse 4 Minuten darin pochieren. Zum Servieren die 12 schönsten warm stellen, zuvor die Schalen von den Schwänzen entfernen.
2. Die Zwiebel schälen und kleinschneiden, die Möhre schälen und in Scheiben schneiden, die übrigen Krebse zerkleinern und alles im Topf in ein wenig Erdnußöl etwa 3 Minuten bei starker Hitze andünsten. Mit Cognac flambieren.
3. Den Weißwein und die Sahne zufügen, mit Salz und Pfeffer abschmecken und 20 Minuten bei schwacher Hitze garen.
4. Durch ein Spitzsieb passieren, dann mit einem Schneebesen nach und nach die Butter unter die Sauce schlagen. Warm stellen.
5. Den Lachs mit Salz und Pfeffer würzen und etwa 4 Minuten im auf 200 °C vorgeheizten Backofen backen.
6. Die Sauce auf Portionsteller verteilen, den gut abgetropften Lachs in die Mitte geben, mit je drei ganzen Krebsen garnieren, mit Kerbelblättchen dekorieren und sofort servieren.

FISCHE

SEEZUNGE

Die von den Römern einst als »Jupiter-Sandale« bezeichnete Seezunge galt unter Ludwig XIV. als königliche Speise.

Berühmte französische Fanggebiete für die Seezunge befinden sich um Sables-d'Olonne und weiter nördlich bei den Inseln Yeu und Noirmoutier, doch sie kommt im gesamten Nordostatlantik, in der Nord- und Ostsee und im Mittelmeer vor.

Die Seezunge ist sicherlich der delikateste und feinste Plattfisch und gehört zu den wenigen Fischen, die, dank der leicht zu entfernenden Gräten, auch bei Kindern beliebt sind.

Marcel Proust würdigt die Seezunge 1918 »Im Schatten junger Mädchenblüte«: »… während wir frühstückten und wie aus einer ledernen Kalebasse ein paar Tropfen goldgelben Zitronensaft auf zwei Seezungen träufelten, von denen auf unseren Tellern bald nur das flatternde, gleich einer Feder gelockte und wie eine Zither summende Gerüst der Gräten übrigblieb …«.

Gebackene Seezunge

2 Seezungen à 600 g

4 EL Erdnußöl

200 g Butter

¼ Bund Kerbel

¼ Bund Schnittlauch

2 Stengel glatte Petersilie

2 Stengel Estragon

2 Stengel Dill

Saft von ½ Zitrone

Mehl

Salz und frisch gemahlener Pfeffer

MEINE WEINEMPFEHLUNG

Pouilly Loché, Philippe Bérard

1. Den Backofen auf 180 °C vorheizen. Die beiden Seezungen häuten, ausnehmen, waschen und trockentupfen, dann salzen und pfeffern und in Mehl wenden.

2. Je 2 EL Öl in zwei Steingutformen gießen und die Formen in den Backofen stellen. Sobald sie heiß geworden sind, die Seezungen hineinlegen und für 3 bis 4 Minuten in den Backofen stellen.

3. Die Butter in kleinen Stücken zugeben und die Fische etwa 10 Minuten garen. Währenddessen sehr häufig begießen, dabei darauf achten, daß die Butter keinesfalls dunkel wird. Anschließend den Zitronensaft zugeben.

4. Die Kräuter waschen, die Blätter abzupfen und feinhacken. Die Seezungen damit bestreuen und in den Formen zu Tisch bringen.

Die Fische vor den Augen der Gäste filetieren und auf vorgewärmte Teller verteilen.

Thunfisch

Das Fleisch des Roten Thunfischs ähnelt mehr dem Rindfleisch, das des Weißen Thunfischs erinnert dagegen eher an Kalbfleisch, weshalb manche französischen Fischer ihn auch »Kalb der Kartäuser« nennen. Der Bonito, so heißt der Thunfisch, der bei uns im Mittelmeer vorkommt, stammt aus warmen Gewässern und ist sehr viel kleiner, er erreicht ungefähr 60 Zentimeter Länge, im Gegensatz zum Roten Thunfisch, der immerhin stattliche 3 Meter lang werden kann und dann 200 bis 300 Kilo auf die Waage bringt.

Zu diesem Fisch passen nach meinem Geschmack am besten die Rezepte aus dem Mittelmeerraum. Thunfisch ist ein Fisch des Sommers und der Sonne: Olivenöl, Tomaten, Knoblauch, Paprika, das sind die Zutaten, die ihn erst richtig zur Geltung bringen. Das zweite Rezept ist im französischen Baskenland sehr beliebt. Das hierfür verwendete Bauchstück ist von erlesener Qualität. Die Japaner nennen dieses Stück des Thunfischs *toro*, es erinnert in Geschmack und Struktur an bestes marmoriertes Rindfleisch und wird roh für Sushi und Sashimi hochgeschätzt.

FISCHE

Thunfisch à la Roteña
(Spanisches Rezept)

---

1 kleiner Thunfisch von 1 kg

1 kg vollreife Tomaten

250 g grüne Paprikaschoten

1 große Zwiebel

3 Knoblauchzehen

100 ml Cognac

50 g roher Schinken

200 ml Olivenöl

Salz

---

1. Die Zwiebel und den Knoblauch schälen. Die Tomaten häuten. Die Zwiebel kleinschneiden, den Knoblauch hacken, die Tomaten in kleine Stücke und die grünen Paprikaschoten in Würfel schneiden. Das Öl in einer Pfanne erhitzen und darin das ganze Gemüse bei mittlerer Hitze 20 Minuten dünsten.
2. Den Thunfisch ausnehmen und säubern. Die Filets mehrfach einschneiden, salzen und mit Cognac begießen, dann den Schinken in die Einschnitte stecken.
3. Den Thunfisch in eine gefettete Form legen, mit dem gegarten Gemüse bedecken und 30 Minuten in den auf 210 °C vorgeheizten Backofen stellen. Der Fisch ist gar, wenn sich das Fleisch mühelos von der Rückengräte lösen läßt. Sofort servieren.

MEINE WEINEMPFEHLUNG

Minervois blanc,
Domaine La Tour Boisée

FISCHE

Bauch vom roten Thunfisch mit Pfefferschoten

4 Bauchstücke vom Thunfisch à 120 g

300 ml Olivenöl

1 EL feingehacktes Tomatenfleisch

6 Pfefferschoten

1 Prise Thymianblüten

3 mittelgroße Zucchini

4 mittelgroße Tomaten

2 mittelgroße Auberginen

1 Zwiebel

2 rote Paprikaschoten

1 kleine Knoblauchzehe

1 TL Zucker

Salz und frisch gemahlener Pfeffer

1. Die Pfefferschoten zusammen mit dem feingewürfelten Tomatenfleisch mindestens eine Stunde in 100 ml Olivenöl einlegen.
2. Die Tomaten enthäuten und entkernen. Die Auberginen, Zwiebel, Paprikaschoten und Zucchini putzen und in große viereckige Stücke schneiden.
3. In einem Topf 100 ml Olivenöl erhitzen. Die Zwiebel und die Paprikaschoten darin andünsten, dann das übrige Gemüse, den Thymian und die gehackte Knoblauchzehe zugeben. Salzen, pfeffern und den Zucker zufügen. Etwa 50 Minuten im vorgeheizten Backofen bei mittlerer Temperatur garen.
4. Die vier Thunfischstücke in 100 ml Olivenöl 1 Minute auf jeder Seite braten.
5. Das Gemüse auf vier vorgewärmten Tellern anordnen, die Thunfischstücke darauf arrangieren, etwas von dem mit den Pfefferschoten und Tomaten gewürzten Öl darübergießen und sofort servieren.

MEINE WEINEMPFEHLUNG

Collioure Cosprons rouge, Domaine de La Rectorie

STEINBUTT

In früheren Zeiten war der Steinbutt der begehrteste Fisch zur Fastenzeit. Dieser Plattfisch lebt vorwiegend im Atlantik und im Mittelmeer. Er wird nicht selten über vier Kilo schwer, große Exemplare können bis zu 25 Kilo erreichen. In der Bretagne läßt man diese Fische bereits an Bord der Fangschiffe ausbluten, damit ihr Fleisch bei der Zubereitung schön weiß bleibt. Im Mittelmeerraum dagegen wendet man diese Praxis nicht an, weshalb das Fleisch beim Garen leicht grau wird, dafür aber einen natürlicheren Geschmack bewahrt.

Meist wird der Steinbutt gegrillt, obwohl es auch einige andere Zubereitungsarten gibt. So bat Anthelme Brillat-Savarin seinen Chefkoch, einen ganzen Steinbutt zu fritieren, und sagte anschließend zu ihm: »Sie haben das mir Unmögliche versucht, und als erster ist Ihnen der Ruhm zuteil geworden, einer erstaunten Welt einen fritierten Steinbutt zu präsentieren. Dieser Tag war für die Auserwählten ein Freudentag.«

Gebackener Steinbutt mit Trüffeln

4 Steinbuttfilets à 180 g
2 schwarze Trüffeln à 40 g
500 g Herzmuscheln
500 g Miesmuscheln
100 g Butter
1 Zwiebel, in große Stücke gehackt
1 Bouquet garni (Petersilie, Thymian, Lorbeer, Bleichsellerie)
1 Glas trockener Weißwein
50 ml Olivenöl
Salz und frisch gemahlener Pfeffer

MEINE WEINEMPFEHLUNG
Condrieu, Delas
oder Champagne Pol Roger,
Cuvée Winston Churchill

1. Die Trüffeln putzen, abschaben und in große Stücke hacken.
2. Die Miesmuscheln und die Herzmuscheln säubern. In einem großen Topf 50 g Butter erhitzen, die Zwiebel mit dem Bouquet garni andünsten, den Weißwein angießen, mit Salz und Pfeffer würzen und die vorbereiteten Muscheln darin dämpfen, bis sie sich öffnen. Die Garflüssigkeit durch ein Tuch seihen, 100 ml davon aufbewahren und darin die restliche Butter einrühren. Erneut salzen und pfeffern und die gehackten Trüffeln zugeben.
3. Die Steinbuttfilets mit Salz und Pfeffer würzen, auf beiden Seiten in dem Olivenöl anbraten und im auf 200 °C vorgeheizten Backofen in ungefähr 5 Minuten gar werden lassen.
4. Die Steinbuttfilets auf einer Platte anrichten, mit den Muscheln umgeben, die Trüffelsauce darübergießen und servieren.

Pochierter Steinbutt

Rezept von Michel Bouzy, Küchenchef im Restaurant Prunier im Jahre 1929

Den Steinbutt vorbereiten und am Rücken, also der braunen Seite, entlang der Rückengräte, tief einschneiden. Den Steinbutt in einer Fischpfanne auf die Feuerstelle setzen. Mit kaltem Wasser, vermengt mit etwas Milch, bedecken und einige Zitronenscheiben, geschält und ohne Kerne, hinzufügen. Alles ganz langsam aufkochen lassen, dann den Topf an den Rand des Herds ziehen und den Fisch weitergaren, so daß die Flüssigkeit leicht simmert. Starkes Kochen beschleunigt nicht den Garvorgang, sondern verdirbt nur das Gericht. Die Pochierzeit richtet sich nach dem Gewicht des Steinbutts, man rechnet 15 bis 20 Minuten pro Kilo.

SERVIEREN DES STEINBUTTS

Man läßt ihn vorsichtig auf eine mit einer Serviette ausgelegten Platte gleiten und arrangiert rundherum frische Petersilie. Es empfiehlt sich, die Oberfläche des Fisches mit einem Stück Butter einzureiben, damit sie etwas Glanz bekommt. Dazu reicht man Salzkartoffeln und eine oder zwei der folgenden Saucen: Hollandaise, Mousseline von Kapern, Krabben oder Hummer, Venezianische Sauce, Béarnaise, Weißweinsauce, Amerikanische Sauce, zerlassene Butter oder verschiedene Saucen auf der Basis von Butter.

MEINE WEINEMPFEHLUNG
Champagne blanc de blanc, Jacquesson

Gegrillter Steinbutt mit »falscher« Béarnaise und gebratenen Kartoffeln

4 Steinbuttfilets à 250 g

1 Schalotte

1 EL Weinessig

1 EL trockener Weißwein

Einige zerdrückte weiße Pfefferkörner

1 TL Estragonblätter

1 kg Kartoffeln

100 ml Erdnußöl

150 g Butter

Mehl

Salz und frisch gemahlener Pfeffer

1. Die Schalotte schälen und hacken. Essig, Weißwein, Schalotte und die zerdrückten Pfefferkörner in einen Topf geben. Auf drei Viertel der Menge einkochen lassen, dann 80 g Butter mit dem Schneebesen gut unterschlagen. Mit Salz und Pfeffer abschmecken und warm stellen.

2. Die Kartoffeln schälen, waschen und in dünne Scheiben schneiden. Abtropfen lassen und mit einem Tuch trockentupfen.

3. In einer großen Pfanne 50 ml Erdnußöl erhitzen, die Kartoffeln hineingeben und goldbraun anbraten. Mit Salz und Pfeffer abschmecken und mit der restlichen Butter zu Ende garen.

4. Die Steinbuttfilets salzen und pfeffern, in Mehl wenden und dann durch 50 ml Öl ziehen, auf den heißen Grill legen, und so drehen, daß auf beiden Seiten ein Gittermuster entsteht. Die Stücke anschließend auf ein mit Butter eingefettetes Backblech legen und im auf 180 °C vorgeheizten Backofen etwa 6 bis 8 Minuten zu Ende garen.

5. Auf vier vorgewärmten Tellern die Kartoffeln und den Steinbutt arrangieren.

6. Den Estragon waschen, feinhacken und unter die Sauce ziehen. Um jedes Steinbuttfilet einen Löffel der Sauce geben und den Rest in einer Sauciere servieren.

MEINE WEINEMPFEHLUNG

Mâcon-Village,
Cuvée Tradition, J. Manciat

FISCHE AUF ORIENTALISCHE ART

Überall im Maghreb bereitet man dieses Gericht in einem *tajine* zu, einer flachen glasierten, oft kunstvoll verzierten Terrakottaschüssel mit kegelstumpfförmigem Deckel.

Im *tajine* verteilt sich die Hitze so, daß sich die scharfen, würzigen, ja sogar süßlichen Aromastoffe konzentrieren können. Ich liebe dieses Gericht über alles, denn es entschädigt für alle Reisekosten und ruft Urlaubserinnerungen wach, und der Geschmack der Fische wird nicht verfälscht.

4 große Scampi (Kaisergranat) à 80 g
160 g Seeteufel, pariert
160 g kleine Meerbarben
160 g Wolfsbarsch
160 g Goldbrasse
400 g Möhren
50 g Bleichsellerie
1 große Zwiebel
1 Knoblauchzehe
100 ml Olivenöl
200 ml Fischfond
1 TL Kreuzkümmel
½ TL Harissa oder eine andere Chilipaste
1 EL frischer Koriander, feingehackt
Mehl
Salz und frisch gemahlener Pfeffer

1. Die Zwiebel und den Knoblauch schälen und hacken. Den Bleichsellerie waschen und in feine Scheiben schneiden. Die Möhren schälen und in 1 cm dicke Scheiben schneiden.

2. Die Zwiebel in einem Topf in 50 ml Olivenöl dünsten. Sellerie, Möhrenscheiben, Knoblauch, Kreuzkümmel und Harissa hinzufügen. Mit Wasser knapp bedecken und bei schwacher Hitze so lange kochen, bis das Wasser vollständig verdampft ist. Beiseite stellen.

3. Den Seeteufel in vier Stücke schneiden. Die Wolfsbarschfilets auslösen und halbieren, mit der Goldbrasse ebenso verfahren. Die kleinen Meerbarben ganz lassen.

4. Die Fische in Mehl wenden, salzen, pfeffern und in 50 ml Olivenöl goldbraun braten. Zusammen mit der Mischung aus Möhren, Sellerie und Gewürzen auf vier *tajine*-Schüsseln verteilen. Die Scampi hinzufügen. Mit dem heißen Fischfond begießen.

5. Zugedeckt im auf 180 °C vorgeheizten Backofen in ungefähr 4 Minuten fertig garen.

6. Unmittelbar vor dem Servieren den frischen Koriander zufügen. Das Gericht in den *tajine*-Schüsseln servieren.

MEINE WEINEMPFEHLUNG
Côtes de Provence rosé, Château Barbeyrolles

FISCHE

Cotriade von blauen Fischen mit Kartoffelsalat

Die für das folgende Rezept verwendeten Fische – Sardelle, Makrele und Sardine – sind, wie der Dichter Joseph Delteil sagen würde, Fische mit »funkelnden Augen, roten Kiemen und Schuppen, die wie die Sonne glänzen, und einem sinnlichen Duft nach Algen«.

Die Bezeichnung »Cotriade« – die Suppe der bretonischen Fischer – soll sich von dem Wort *cotrets* ableiten, das sind die Holzstücke auf denen der Topf mit den Fischen zum Kochen gesetzt wurde. Früher bereitete man dieses Gericht, bei dem immer Fische mit Kartoffeln kombiniert werden, ausschließlich an Bord der Fangschiffe zu, und es fanden hierfür nur einfache Fische Verwendung, denn die edlen Fische sollten ja verkauft werden.

4 Sardinen

4 kleine Makrelen

8 Sardellen

(alle Fische ausgenommen und filetiert)

500 g junge Kartoffeln

1 EL gehackte Petersilie

Öl

Salz und frisch gemahlener Pfeffer

FÜR DIE VINAIGRETTE

1–2 EL Weinessig

2 EL kaltgepreßtes Olivenöl

2 EL kaltgepreßtes Traubenkernöl

1 Schalotte, feingehackt

Salz und frisch gemahlener Pfeffer

MEINE WEINEMPFEHLUNG

Premières Côtes de Blaye blanc,
Château Haut Bertinerie

1. Die Kartoffeln unter fließendem kaltem Wasser kräftig abbürsten. Mit der Schale in Salzwasser kochen.
2. Mit einer Pinzette die Fischfilets von den restlichen Gräten befreien.
3. Aus den angegebenen Zutaten eine Vinaigrette zubereiten.
4. Die Fischfilets mit Salz und Pfeffer würzen und auf einem eingeölten Backblech anordnen.
5. Die noch warmen, ungeschälten Kartoffeln in 5 mm dicke Scheiben schneiden, dann vorsichtig etwas von der Vinaigrette und der gehackten Petersilie unterheben.
6. Die Fischfilets unter dem Grill rasch garen (2 Minuten).
7. Auf vier vorgewärmten Tellern die Kartoffeln rosettenförmig anordnen, die Fische gleichmäßig darauf arrangieren, mit der restlichen Vinaigrette begießen und mit gehackter Petersilie bestreuen. Sofort servieren.

FISCHE

Fischsuppe mit Safran

Die kleinen Fische, die in diesem Rezept verwendet werden, findet man vor allem auf den Märkten von Marseille.

Safran, das teuerste Gewürz der Welt, ist im Buddhismus das Symbol für Weisheit und steht in der Antike für Mäßigkeit. Der Legende nach entstand der Safran, als Krokos beim Diskuswerfen mit Merkur nach einem unglücklichen Wurf tödlich an der Stirn getroffen wurde. Aus dem mit seinem Blut getränkten Boden wuchs dann der Krokus, eine schöne Pflanze, gelb und rot, mit purpurroten Narben und leuchtenden Goldfäden.

**FILETIEREN SIE ALLE FISCHE
UND BEWAHREN SIE DIE KÖPFE UND GRÄTEN AUF**

1 Petersfisch von 500 g

1 Seeteufel von 400 g

1 Drachenkopf von 400 g

1 Wolfsbarsch von 400 g

4 große Scampi (Kaisergranat)
(oder 8 kleine)

1 g Safran

2 Möhren

20 mittelgroße Zwiebeln

1 Stange Lauch (nur das Weiße)

2 Zweige Fenchel

6 Knoblauchzehen, zerdrückt

1 Bouquet garni (Petersilie, Thymian,
Lorbeer, Bleichsellerie)

8 kleine Kartoffeln

4 große vollreife Tomaten

1 EL Olivenöl

40 g Butter

Salz und frisch gemahlener Pfeffer

MEINE WEINEMPFEHLUNG

Côtes du Roussillon blanc, Domaine Cazes

1. Die Fischfilets, die Köpfe und die Gräten der Fische gut säubern und abtropfen lassen.

2. Möhren und Zwiebeln schälen, das Weiße vom Lauch putzen. Die Gemüse in dünne Scheiben schneiden und in einem großen Topf bei starker Hitze in dem Olivenöl dünsten. Gräten und Köpfe der Fische zufügen und ein paar Minuten bei mittlerer Hitze mitdünsten. Anschließend knapp mit Wasser bedecken, das Bouquet garni, Knoblauch, die halbierten Tomaten, Safran, Fenchel, Salz und Pfeffer hinzufügen und bei schwacher Hitze $1/2$ Stunde köcheln lassen, hin und wieder den Schaum abschöpfen.

3. Die Kartoffeln schälen und in dicke Scheiben schneiden. Die Fische jeweils in vier gleich große Stücke teilen.

4. Die Suppe durch eine Kartoffelpresse, dann durch ein Spitzsieb passieren, dabei gut auspressen, denn Sie brauchen etwa $1 1/2$ l Flüssigkeit.

5. Die Kartoffeln in einen Topf geben und mit etwas Suppe bedecken. Ungefähr 10 Minuten bei mittlerer Hitze garen lassen, dann in einer großen flachen Schüssel warm stellen.

6. In der restlichen Suppe die Fische nacheinander pochieren: zuerst Seeteufel und Drachenkopf, dann, 3 Minuten später, Wolfsbarsch, Petersfisch und die Scampi.

7. Die Fische abtropfen lassen und auf den Kartoffeln arrangieren. Zum Schluß die Butter in die Suppe rühren, erneut abschmecken und über die Fische schöpfen.

FISCHE

Fischsuppe

In jedem Hafen gibt es ein eigenes Rezept für eine Fischsuppe, die nach dem Fang aus den Fischen zubereitet wird, die sich nicht so gut zum Verkauf eignen. Ein Koch hingegen verfügt über Fische vom Markt, vorzugsweise kleine schmackhafte Exemplare, die in Küstennähe gefangen wurden.

Bei allen Rezepten ist ein Weißfisch wie der Merlan, der nicht sehr viel Fett enthält, unverzichtbar, denn durch ihn erhält die Suppe ihre unvergleichlich sämige Konsistenz. Und damit die Suppe wirklich gut schmeckt, bereitet man sie mit ganzen, nicht entgräteten Fischen zu – mit ihren »Stacheln«, wie man in Marseille dazu sagt.

ALLE FISCHE AUSNEHMEN UND SCHUPPEN

1 Merlan (für die Konsistenz)
Knurrhahn, Petersfisch, Drachenkopf, Seeteufel, Petermännchen…
je nach Angebot und Geschmack
50 ml Olivenöl
150 g Zwiebeln
4 Knoblauchzehen
3 große reife Tomaten
2 Zweige Fenchel, getrocknet
1 Bouquet garni (Petersilie, Thymian, Lorbeer, Bleichsellerie)
1 g Safranfäden
Salz und frisch gemahlener Pfeffer

1. Das Olivenöl in einem Topf erhitzen. Die Zwiebeln hacken und in dem heißen Öl andünsten.
2. Die Knoblauchzehen schälen und längs halbieren. Die Tomaten häuten, entkernen, in kleine Würfel schneiden und zusammen mit dem Fenchel, dem Bouquet garni und den Fischen zu der Öl-Zwiebel-Mischung geben.
3. Mit Wasser bedecken. Salzen, pfeffern und den Safran hinzufügen. Alles zum Kochen bringen, den Schaum abschöpfen, dann die Temperatur reduzieren und die Suppe 30 Minuten bei schwacher Hitze simmern lassen.
4. Alles zusammen in der Küchenmaschine zerkleinern, dann durch ein Spitzsieb passieren und erneut abschmecken. Die Suppe mit Knoblauchcroûtons servieren.

Ich bin der Meinung, daß auf keinen Fall die immer wieder empfohlene Rouille zugefügt werden sollte, da sie den Geschmack der Suppe verändert. Diese Suppe schmeckt gleich nach der Zubereitung am besten.

MUSCHELN

VENUSMUSCHEL

Die Venusmuschel ist die bretonische Muschel schlechthin, sie kommt jedoch praktisch in allen Meeren vor. Sie hat eine dünne, gewölbte Schale mit einem sehr feinen Streifenmuster. Die im folgenden Rezept verwendeten Venusmuscheln stammen aus dem Mittelmeer oder aus dem Étang de Thau, doch die von der bretonischen Küste, beispielsweise aus der Bucht von Saint-Brieuc oder der Bucht von Morbihan, sind meiner Meinung nach ebensogut. Bevorzugt werden die wildlebenden Venusmuscheln, obwohl sie sich von den aus japanischer Zucht stammenden Kreuzungen in qualitativer Hinsicht nur minimal unterscheiden.

Venusmuscheln auf katalanische Art

1,2 kg Venusmuscheln

80 ml Olivenöl

1 Schalotte, 1 Knoblauchzehe

100 ml trockener Weißwein

2 große Tomaten

Salz und frisch gemahlener Pfeffer

4 Basilikumblätter

1. Die Muscheln gründlich waschen. Schalotte und Knoblauchzehe schälen und hacken und das Basilikum feinschneiden. Die Tomaten enthäuten, entkernen und in Streifen schneiden.
2. In einem großen Topf die Schalotte bei starker Hitze in dem Olivenöl dünsten. Die Muscheln hinzufügen. Salzen, pfeffern und 2 Minuten zugedeckt garen, bis die Muscheln sich öffnen.
3. Knoblauch, Tomaten und Weißwein zugeben und zugedeckt weitere 2 Minuten garen. Alles in eine tiefe Schüssel geben, das Basilikum zufügen und sofort servieren.

MEINE WEINEMPFEHLUNG

Côtes de Provence blanc, Château Real-Martin

Herzmuschel

Geschlossen bildet diese Muschel, wenn man sie von der Seite betrachtet, ein Herz. Dieser Form verdankt sie ihren schönen Namen. Herzmuscheln kommen in den verschiedensten Arten in allen Meeren vor.

Der *Vin Jaune*, der aus Savagnin-Trauben gewonnen wird, ist ein ganz besonderer Wein aus dem französischen Jura. Man könnte ihn als französischen Sherry bezeichnen, denn seine Herstellung ist ähnlich. Durch die Oxydation und die dünne Schicht aus Hefepilzen, die sich im Faß auf der Oberfläche des Weins bildet, erhält er sein einzigartiges nussiges Aroma.

Herzmuschelsuppe mit Vin Jaune

1,5 kg Herzmuscheln
1 große Zwiebel
140 g Butter
200 g Pfifferlinge
200 ml Vin Jaune
2 Schalotten
½ Bund Kerbel
Salz und frisch gemahlener Pfeffer

MEINE WEINEMPFEHLUNG
Arbois, Caveau de Bacchus (Lucien Aviet)

1. Die Muscheln gründlich spülen und über Nacht in Salzwasser wässern.
2. Die Pfifferlinge putzen, waschen und abtropfen lassen.
3. Die Zwiebel schälen und kleinschneiden. In 20 g Butter dünsten, 150 ml Wein zugießen, aufkochen lassen, dann die Muscheln und ein Glas Wasser zugeben. Pfeffern und zugedeckt garen, bis alle Muscheln geöffnet sind (3 bis 4 Minuten). Von der Kochstelle nehmen und beiseite stellen.
4. Die Schalotten schälen und feinhacken. In einer beschichteten Pfanne in 20 g Butter andünsten. Die Pfifferlinge hinzufügen und 6 bis 7 Minuten garen lassen. Mit Salz und Pfeffer abschmecken und beiseite stellen.
5. Zwei Drittel der Muscheln aus den Schalen lösen. Die Garflüssigkeit durch ein Tuch seihen, erhitzen und 100 g Butter und den restlichen Wein einrühren.
6. Die Muscheln ohne Schale, die Muscheln mit Schale und die Pfifferlinge in eine Suppenterrine geben, dann die kochendheiße Garflüssigkeit und die abgezupften Kerbelblättchen hinzufügen. Die Suppe sofort servieren.

Jakobsmuschel

Ihren Namen verdankt die Jakobsmuschel den Pilgern, die das Grab des Apostels Jakobus in Santiago de Compostela besuchten und die Muschel als Zeichen ihrer Pilgerschaft an Mänteln oder Hüten befestigten. Übrigens sind auch die Weihwasserbecken der gotischen Kathedralen dieser Muschelform nachempfunden. Man erzählt sich jedoch auch, daß die Jakobsmuschel in der Seefahrt als Metapher für das weibliche Geschlecht gilt. Die Jakobsmuschel wird auch Fächer-, Kamm- oder Pilgermuschel genannt.

Das Innere dieser Muschelart besteht aus zwei Teilen: dem runden weißen Schließmuskel, der sogenannten »Nuß«, und dem halbmondförmigen, orangeroten Rogensack, dem Corail. Die Anhängerschaft der Jakobsmuschel teilt sich in zwei Lager: Die einen bevorzugen ausschließlich die Nuß, die anderen schätzen genauso den Corail als Delikatesse. In den folgenden Rezepten werden als Zutat nur die Nüsse der Muscheln angegeben, doch Sie können natürlich, ganz nach eigenem Geschmack, davon abweichen und den Corail mitverwenden.

Der Fang der Jakobsmuschel ist, zumindest in Europa, streng reglementiert. Ihre beste Qualität erreichen sie bei uns im Winter. Brest, Belle-Île, Concarneau, Morlaix, die Bucht von Saint-Brieuc und Dieppe sind nur die wichtigsten Fanggebiete in Frankreich.

Beim Kauf müssen Jakobsmuscheln auf alle Fälle noch geschlossen sein. Wenn sie aus der Schale gelöst werden, sollte sich die Nuß bewegen, das ist ein Zeichen von Frische. Statt sie erst noch im Kühlschrank aufzubewahren, ist es besser, sie möglichst sofort weiterzuverarbeiten, denn je länger man damit wartet, desto mehr verlieren sie von ihrem unvergleichlichen milden Geschmack.

MUSCHELN

Jakobsmuscheln in Bier mit gedünstetem Chicorée

20 schöne Jakobsmuschelnüsse

600 g Chicorée

100 ml Crème double

150 g Butter

2 Schalotten

200 ml Bier

Salz und frisch gemahlener Pfeffer

1. Die Schalotten schälen und feinhacken. Zusammen mit dem Bier einkochen lassen. Von der Crème double 1 EL hinzufügen, erneut zum Kochen bringen, dann von der Kochstelle nehmen und 130 g Butter unterrühren.
2. Den harten Teil des Chicorées ausschneiden, die Blätter waschen, in sehr feine Streifen schneiden und in einem Topf in 20 g Butter dünsten. Nach etwa 20 Minuten die restliche Crème double einrühren und den Chicorée mit Salz und Pfeffer abschmecken.
3. Ein walnußgroßes Stück Butter in einer beschichteten Pfanne zerlassen, die Jakobsmuscheln salzen und pfeffern und 30 Sekunden auf jeder Seite braten.
4. In die Mitte von vier gut vorgewärmten Tellern den gedünsteten Chicorée geben, drumherum etwas Biersauce verteilen und die Jakobsmuscheln rosettenförmig darauf anordnen.

MEINE WEINEMPFEHLUNG

Hierzu paßt am besten das Bier, das für die Sauce verwendet wurde

Piroschki mit Jakobsmuscheln und Basilikum

10 große Jakobsmuschelnüsse
200 g Blätterteig
1 Bund Basilikum
1 Eigelb
1 Schalotte
50 ml trockener Weißwein
1 TL Weißweinessig
1 EL Crème double
100 g Butter
Salz und frisch gemahlener Pfeffer

1. Die Jakobsmuschelnüsse gründlich waschen, abtropfen lassen, halbieren, auf einen Teller legen und auf jede halbe Nuß ein kleines Basilikumblatt legen. Kühl stellen.

2. Die Schalotte schälen, feinhacken und bei mittlerer Hitze mit dem Essig und dem Weißwein einkochen lassen. Wenn der größte Teil der Flüssigkeit verdampft ist, die Crème double hinzufügen. Um die Hälfte reduzieren lassen und dann die Butter gut unterschlagen. Die Sauce im Wasserbad warm halten.

3. Auf einer leicht mit Mehl bestäubten Arbeitsfläche den Blätterteig zu einem 25 × 20 cm großen Rechteck ausrollen. Die Teigplatte in 20 Quadrate von jeweils 5 × 5 cm Größe teilen und diese mit einem Zerstäuber leicht mit Wasser befeuchten.

4. Die Jakobsmuschel-Medaillons salzen und pfeffern, dann je eins auf jedes Teigquadrat legen. Die Quadrate an den vier Ecken zur Mitte hin hochklappen und schließen, so daß kleine Päckchen entstehen. Die Päckchen umdrehen, auf ein leicht befeuchtetes Backblech legen und mit etwas Eigelb bepinseln.

5. Im auf 180 °C vorgeheizten Backofen 8 Minuten backen. Auf vorgewärmten Tellern anrichten und drumherum etwas von der Sauce verteilen.

MEINE WEINEMPFEHLUNG
Alsace grand cru Altenberg, Domaine Marcel Deiss

Traditionell werden die Piroschki, gefüllte warme Teigpastetchen, in Osteuropa zu Suppen wie den berühmten Borschtsch gereicht. Auf polnische oder russische Art zubereitet, ißt man sie bei uns gern als Appetithäppchen oder als kleine Vorspeise. Ihre Hülle ist immer ein Blätter-, Brioche-, Hefe- oder Brandteig, und sie lassen sich gut mit verschiedenen Fleischsorten, mit Gemüse oder mit Reismischungen füllen. Es gibt auch Piroschki mit süßen Füllungen, beispielsweise Nüssen und Äpfeln.

MUSCHELN

Jakobsmuscheln mit Curry und Apfel

---

20 Jakobsmuschelnüsse

1,2 kg Äpfel (eine süße aromatische Sorte, beispielsweise Reinette)

100 g Butter

1 Schalotte

150 ml Cidre

1 EL Crème double

½ TL Curry

1 EL Olivenöl

Salz und frisch gemahlener Pfeffer

Zucker und Zimt

---

1. Die Jakobsmuschelnüsse gründlich waschen, abtropfen lassen und mit Küchenpapier trockentupfen.

2. Die Äpfel schälen, vierteln und vom Kerngehäuse befreien. In große Würfel schneiden und in einer Pfanne bei mittlerer Hitze ungefähr 10 Minuten in der Butter dünsten. Leicht mit Zucker bestreuen und nach Geschmack mit Zimt würzen. Beiseite stellen.

3. Die Schalotte schälen und feinhacken. In einem Topf in einem walnußgroßen Stück Butter andünsten und den Cidre hinzufügen. Bei schwacher Hitze die Flüssigkeit um drei Viertel reduzieren lassen, dann die Crème double und den Curry zugeben. Die Sauce leicht aufschlagen, salzen, pfeffern und warm stellen.

4. In einer Pfanne das Olivenöl erhitzen. Die Jakobsmuschelnüsse salzen, pfeffern und bei starker Hitze auf beiden Seiten rasch anbraten.

5. Die Sauce auf vorgewärmte Teller verteilen, aus dem Apfelkompott »Klößchen« formen und auf der Sauce arrangieren, drumherum die Jakobsmuschelnüsse anordnen und sofort servieren.

MEINE WEINEMPFEHLUNG

Alsace Gewürztraminer, Cuvée Jubilé, Hugel

Gebackene Jakobsmuscheln

---

12 große Jakobsmuscheln

(von den 4 schönsten Muscheln

die Schale zurückbehalten)

1 Bund junge Möhren

8 kleine zarte Zwiebeln

1 zarte Stange Bleichsellerie

1 Glas trockener Weißwein

2 Schalotten

1 kleines Bouquet garni

(Petersilie, Thymian, Lorbeer, Bleichsellerie)

1 Zweig Estragon

120 g Butter

1 Eigelb

200 g Blätterteig

Salz und frisch

gemahlener Pfeffer

MEINE WEINEMPFEHLUNG

Pouilly-Fumé, Baron de L., Château du Nozet

1. Die Jakobsmuscheln vorbereiten: Die Muscheln öffnen, die Nüsse auslösen, die »Bärte« aufbewahren und die schwarzen Innereien wegwerfen. Nüsse und Bärte getrennt unter fließendem kaltem Wasser waschen und gut abtropfen lassen.

2. Die Schalotten schälen und kleinschneiden. 20 g Butter in einem Topf erhitzen und die Schalotten langsam darin dünsten. Dann bei starker Hitze die Bärte hinzufügen und zum Schluß den Weißwein. Alles 2 Minuten aufkochen lassen, das Bouquet garni hinzugeben und zugedeckt bei mittlerer Hitze 20 Minuten kochen lassen. Abschmecken, durch ein Tuch filtern und zur Seite stellen.

3. Die Estragonbutter zubereiten: Dazu die Blätter hacken, 80 g weiche Butter zufügen, mit Salz und Pfeffer abschmecken und gut durchkneten. Möhren, Zwiebeln und Sellerie schälen und in feine Scheiben schneiden.

4. Die Zwiebeln in 20 g Butter andünsten. Die Möhren und den Sellerie hinzufügen, mit Salz und Pfeffer würzen und einen Eßlöffel Wasser zugeben. Mit Pergamentpapier abdecken, einige Minuten dämpfen und dann beiseite stellen.

5. Die zurückbehaltenen Muschelschalen waschen, abtrocknen und innen großzügig mit Butter auspinseln. In die unteren, tiefen Schalenhälften je ein Viertel von dem gedünsteten Gemüse geben.

6. Die Jakobsmuschelnüsse jeweils in vier Scheiben schneiden und diese rosettenförmig auf das Gemüse legen. Ein walnußgroßes Stück Estragonbutter und einen Eßlöffel vom gefilterten Muschelsud hinzufügen. Die flache Schalenhälfte als Deckel auflegen.

7. Den Blätterteig zu einem 30 × 12 cm großen Rechteck ausrollen und der Länge nach in vier 4 cm breite Streifen schneiden.

8. Das Eigelb mit ein paar Tropfen Wasser verschlagen. Den Außenrand der Muscheln damit einpinseln und rundherum einen Teigstreifen andrücken, damit die Muscheln fest verschlossen sind. Den Teig ebenfalls mit dem Eigelb bepinseln.

9. Im heißen Backofen 12 Minuten garen und sofort servieren.

MUSCHELN

Carpaccio von Jakobsmuscheln mit Austern

12 Jakobsmuschelnüsse
16 mittelgroße Felsenaustern
8 Stengel Kerbel
12 Stengel Schnittlauch
2 Stengel Dill
4 Stengel glatte Petersilie
4 EL kaltgepreßtes Olivenöl
1 kleine Chilischote
½ Zitrone
Salz und frisch gemahlener Pfeffer

1. Die Chilischote entkernen und in einem Mörser zerdrücken. 1 TL Zitronensaft, 2 EL Olivenöl und 1 Prise Salz hinzufügen. Vermischen und 1 Stunde ziehen lassen.
2. Die Blätter von den Kräutern abzupfen und den Schnittlauch in 2 cm lange Stücke schneiden. Kühl stellen.
3. Die Jakobsmuschelnüsse unter fließendem kaltem Wasser waschen, abtropfen lassen und mit Küchenpapier trockentupfen.
4. Die Austern aus den Schalen lösen, den Saft durch ein Tuch filtrieren und die zwölf schönsten Austern zum Servieren beiseite legen.
5. Die restlichen vier Austern zusammen mit dem filtrierten Muschelsaft, einigen Tropfen Zitronensaft, Pfeffer und 2 EL Olivenöl im Mixer glattpürieren und kühl stellen.
6. Mit einem feinen Messer die Jakobsmuschelnüsse in jeweils fünf dünne Scheiben schneiden. Die Scheiben ringförmig in die Mitte von vier gekühlten Tellern legen. Salzen und die Chilimarinade mit einem Pinsel auftupfen.
7. Um jede Rosette drei Austern anordnen, 1 TL Austernpüree zwischen jede Auster geben. Das restliche Püree mit den Kräutern mischen und in die Mitte der Teller setzen. Sofort servieren und dazu frisch geröstete Scheiben Landbrot reichen.

MEINE WEINEMPFEHLUNG

Alsace Pinot Blanc,
Domaine Bruno Sorg

Jakobsmuscheln mit Couscous und Essigsauce

---

20 Jakobsmuschelnüsse

200 g Couscous, vorgekocht

2 Schalotten

100 ml Sherryessig

150 g Butter

1 EL Olivenöl

Couscousgewürz *ras el hanout*

Einige Blätter frischer Koriander

Salz und frisch gemahlener Pfeffer

MEINE WEINEMPFEHLUNG

Anjou blanc, Agnelli

1. Die Jakobsmuscheln unter fließendem kaltem Wasser abspülen, abtropfen lassen und mit einem Tuch trockentupfen.

2. Den Couscous in 40 g Butter andünsten, 200 ml bereits gesalzenes und mit *ras el hanout* gewürztes kochendes Wasser zugeben, den Couscous etwas quellen lassen, dann abgedeckt für 10 Minuten in den auf 120 °C vorgeheizten Backofen stellen. Anschließend den Couscous mit einer Gabel auflockern, 50 g Butter einarbeiten, erneut abschmecken und warm stellen.

3. Die Schalotten schälen und feinhacken, dann mit dem Essig in einen Topf geben und um die Hälfte einkochen lassen. Anschließend 60 g Butter unterschlagen, salzen und pfeffern.

4. Das Olivenöl in einer beschichteten Pfanne erhitzen. Die Jakobsmuschelnüsse mit Salz und Pfeffer würzen und 30 Sekunden auf jeder Seite braten.

5. Auf vier vorgewärmte Teller jeweils in die Mitte etwas Couscous häufen, drumherum die Jakobsmuschelnüsse geben, mit der Essigsauce überziehen, dann mit feingehackten Korianderblättern bestreuen und sofort servieren.

Messerscheide

Die Schalen der Messerscheide haben eine längliche Form, wie eine Schwertscheide. Es gibt zwei Muschelarten: eine mit geraden und eine mit leicht gebogenen Schalen. Gesammelt wird diese Muschel bei Ebbe am Strand. Bei uns in Frankreich findet man sie in der Normandie, in der Charente und an der Küste des Languedoc. Messerscheiden können sich bis zu einen Meter tief in den Boden eingraben und nur ein kleines Loch im Sand bei Ebbe deutet häufig darauf hin, daß hier eine Messerscheide zu finden ist. Um sie zu fangen, streut man eine Prise Salz in diese Öffnung: Für die Messerscheide ist dies das Zeichen, daß das Meer wieder da ist, und, wenn man Glück hat, kommt sie aus ihrem Loch und man muß sie nur noch einsammeln.

Gebratene Messerscheiden mit Schalotten

1 kg Messerscheiden
2 große Schalotten, längs geviertelt
100 g Butter
½ Zitrone
½ Bund glatte Petersilie
Salz und frisch gemahlener Pfeffer

1. Die Messerscheiden über Nacht in kaltem Salzwasser wässern.
2. Die Muscheln mit der Spitze eines Messers öffnen, das Fleisch aus den Schalen lösen, abtropfen lassen und beiseite stellen.
3. In einer Pfanne etwas Butter erhitzen und die Schalotten darin langsam weichdünsten.
4. In einer beschichteten Pfanne die restliche Butter aufschäumen lassen und das Muschelfleisch 20 bis 30 Sekunden in der sehr heißen Butter braten, dabei immer wieder wenden. Den Saft der halben Zitrone hinzufügen, die Schalotten zugeben und alles mit Salz und Pfeffer abschmecken. Mit gehackter Petersilie bestreuen und sofort servieren.

Möchten Sie das Gericht nach spanischem Rezept zubereiten, nehmen Sie statt Butter Olivenöl und geben Sie etwas Knoblauch dazu.

MEINE WEINEMPFEHLUNG
*Saumur blanc,
Cuvée Paleine, M. Chevré*

AUSTER

Ursprünglich wurden in den Kreisen des gehobenen Bürgertums nur die flachen Europäischen Austern gegessen. Irgendwann bestellte man für das Hauspersonal die preiswerteren Felsenaustern mit der gewölbten Schale. Doch der Preis allein ist nicht unbedingt ein Zeichen für Qualität, und so werden Felsenaustern heute ebenso geschätzt und haben zahllose Liebhaber, die ihnen den Vorzug vor den flachen Austern besserer Provenienz geben.

Die länglich geformte Felsenauster stammt ursprünglich aus dem Pazifik. Sie wird auch Japanische Auster genannt, kann aber auch aus Kanada stammen. Ganz gleich wo sie herkommt, sie muß unter hygienisch einwandfreien Bedingungen gezüchtet werden. In Frankreich züchtet man die Felsenauster überwiegend in der Gegend von Marennes, doch man findet sie auch in der Bucht von Arcachon, im Golf von Morbihan, im Étang de Thau, in der Bucht von Mont Saint-Michel und an der Küste der Normandie.

Der lateinische Name der flachen Europäischen Auster ist *Ostrea edulis*. Sie hat eine recht helle Schale von runder regelmäßiger Form. Die Belon-Auster ist die bekannteste Vertreterin dieser Art, doch genauso schmackhaft sind die Cancale oder Sorten aus anderen Ländern, wie die Galway-Austern aus Irland oder die aus dem belgischen Ostende.

Will man Austern roh genießen, sollten sie etwa eine Stunde zuvor geöffnet werden, damit das Wasser, das sich sofort absetzt, abgeschüttet werden kann. Übrigens legt man sie nicht direkt auf Eis, denn dieser Kälteschock schadet ihnen nur: Zur Präsentation genügt ein schlichtes Bett aus Seetang. Die Regel, daß Austern nur in den Monaten mit »r« verzehrt werden dürfen, gilt heute übrigens nicht mehr.

MUSCHELN

Austern mit Schalottenvinaigrette und Kartoffeln

---

24 Belon-Austern, Nr. 0 (90g)

12 Kartoffeln à 50 g

100 ml kaltgepreßtes Traubenkernöl

30 ml Sherryessig

2 Schalotten

½ Bund Schnittlauch

½ Bund Kerbel

Salz und frisch
gemahlener Pfeffer

---

1. Die Kartoffeln unter fließendem Wasser gut waschen, dann mit der Schale in Salzwasser kochen.
2. Die Austern über einer Schüssel öffnen, aus den Schalen lösen und abtropfen lassen. Den Saft durch ein Tuch abseihen und aufbewahren.
3. Die Kerbelblätter abzupfen, den Schnittlauch in 2 cm lange Stücke schneiden. Die Kräuter mischen und kühl stellen. Die Schalotten schälen und feinhacken.
4. Für die Vinaigrette den Essig und die feingehackten Schalotten in eine kleine Schüssel geben, salzen, pfeffern, dann das Öl und 1 EL filtrierten Austernsaft gut einrühren.
5. Die noch warmen Kartoffeln schälen, aus jeder zwei schöne Scheiben schneiden und jeweils sechs Scheiben auf vier vorgewärmten Tellern arrangieren. Auf jede Kartoffelscheibe eine Auster legen, mit der gut aufgeschlagenen Vinaigrette überziehen und zur Garnierung auf jede Auster eine Prise von der Kräutermischung geben. Sofort servieren.

MEINE WEINEMPFEHLUNG

Chablis, Cuvée de l'Homme mort, Jean Durup

MUSCHELN

Warme Austern mit Maipilzen

24 Belon-Austern, Nr. 0 (90g)
200 g Maipilze
3 kleine Schalotten
80 g Butter
50 ml trockener Weißwein
10 Stengel Schnittlauch
Grobes Salz
Salz und frisch gemahlener Pfeffer

1. Die Austern über einer Schüssel öffnen und aus der Schale lösen. Auf Küchenpapier abtropfen lassen, den Saft durch ein Tuch seihen und beiseite stellen.
2. Die tiefe Hälfte der Austernschalen mit kaltem Wasser ausspülen, auf ein mit grobem Salz bestreutes Backblech legen und im vorgeheizten Backofen bei 60 °C warm halten.
3. Zwei der drei Schalotten schälen und feinhacken. In einer beschichteten Pfanne 20 g Butter erhitzen und die Schalotten 1 Minute darin andünsten. Die Pilze gut waschen, abtropfen lassen, in die Pfanne geben und 3 Minuten bei starker Hitze mitdünsten. Mit Salz und Pfeffer abschmekken. Alles in ein Sieb geben und abtropfen lassen. Die Garflüssigkeit auffangen und beiseite stellen.
4. Die Austern mit 2 EL ihres eigenen Safts 1 Minute in einem Topf erwärmen.
5. Die Austernschalen mit den Pilzen auslegen und je eine Auster daraufsetzen. Warm stellen.
6. Die dritte Schalotte schälen, feinhacken und in 20 g Butter andünsten. Den Weißwein, 3 EL Austernsaft und 3 EL Garflüssigkeit von den Pilzen hinzufügen. Alles um die Hälfte einkochen lassen und die restliche Butter gut unterschlagen. Erneut mit Salz und Pfeffer abschmecken. Den Schnittlauch feinhacken, in die Sauce geben und die Austern damit überziehen.
7. Jeweils sechs Austernschalen auf vier Tellern, die zuvor mit grobem Salz bestreut wurden, arrangieren und sofort servieren.

MEINE WEINEMPFEHLUNG
Pouilly-Fuissé, Vieilles Vignes,
P. Saumaize

Austern in Basilikumgelee

---

24 mittelgroße Felsenaustern
6 vollreife, feste Tomaten
4 Basilikumblätter
1 Schalotte
1 Zitrone
½ Blatt Gelatine
1 TL Sherryessig
Grobes Salz
**Salz und frisch
gemahlener Pfeffer**

MEINE WEINEMPFEHLUNG
Vouvray sec, Clos du Bourg

1. Die Tomaten häuten, halbieren und entkernen, dabei über einem Gefäß den Saft auffangen und anschließend durch ein Tuch seihen.
2. Das Tomatenfleisch in kleine Würfel schneiden und beiseite stellen.
3. Die Schale von der Zitrone, ohne das Weiße, ablösen, 30 Sekunden in kochendem Wasser blanchieren und anschließend feinhacken.
4. Das Gelatineblatt in kaltem Wasser einweichen.
5. Die Austern öffnen und aus der Schale lösen, dabei den Saft auffangen. Die Austern auf Küchenpapier abtropfen lassen.
6. Den Austernsaft durch ein Tuch in einen Topf seihen, 80 ml von dem Saft der Tomaten hinzufügen sowie die Zitronenschale und einige Tropfen Zitronensaft zugeben. Die Flüssigkeit erhitzen und das Gelatineblatt darin auflösen. Mit Salz und Pfeffer abschmecken und abkühlen lassen.
7. In einer Salatschüssel die Tomatenwürfel, die vier feingehackten Basilikumblätter, einige Tropfen Sherryessig, Salz und Pfeffer verrühren. Die Schalotte schälen, feinhacken und in die Mischung geben.
8. Die Austernschalen mit dieser Mischung füllen. Jeweils eine Auster daraufsetzen, mit dem erkalteten Gelee überziehen und für 10 Minuten in den Kühlschrank stellen.
9. Jeweils sechs Austern auf vier Tellern, die zuvor mit grobem Salz bestreut wurden, arrangieren. Sofort servieren.

MIESMUSCHEL

Beim Kauf von Miesmuscheln ist unbedingt darauf zu achten, daß sie fest geschlossen sind, denn das ist eine Garantie für ihre Frische. Außerdem müssen alle Muscheln, die sich beim Kochen nicht geöffnet haben, unbedingt entfernt werden. Zu empfehlen sind ausschließlich die gezüchteten Miesmuscheln, die an Pfählen oder dicken Tauen, unter hygienischer Kontrolle wachsen. Auf keinen Fall sollte man die kleinen wildlebenden Miesmuscheln essen, denn die Anfälligkeit der Miesmuschel für Krankheiten und die Möglichkeit einer starken Schadstoffbelastung sind sehr groß.

Einer sich hartnäckig haltenden, jedoch historisch nicht belegbaren Legende nach, geht die Gründung der ersten Muschelzucht auf einen Seereisenden aus Irland namens Patrick Walton zurück. Nachdem er im Jahre 1735 in der Bucht von Aiguillon in der Nähe von La Rochelle Schiffbruch erlitten hatte, kam ihm die Idee, Pfähle aufzustellen und sie mit Reisig zu verbinden, um Vögel zu fangen. Bald fiel ihm auf, daß sich ganze Trauben von jungen Miesmuscheln an die Pfähle geheftet hatten. Heute deckt die Bucht von Aiguillon zirka fünfzehn Prozent der französischen Miesmuschelproduktion ab.

MIESMUSCHELN IN MARINADE

4 Dutzend große spanische Miesmuscheln

100 ml trockener Weißwein

1 Zweig Thymian

½ Knoblauchzehe

20 ml kaltgepreßtes Olivenöl

1 Schalotte

Saft von ½ Zitrone

2 Eiertomaten

1 Zweig Basilikum

1 TL frisch gemahlener Pfeffer

Salz

1. Die Muscheln wie bei Austern roh aus der Schale lösen und im eigenen gefilterten Saft beiseite stellen.
2. Aus Weißwein, Thymian, der halben durchgepreßten Knoblauchzehe, Olivenöl und der gehackten Schalotte eine Marinade zubereiten und ½ Stunde bei Zimmertemperatur ziehen lassen.
3. Die Muscheln mit ihrem Saft in die Marinade geben und 10 Minuten durchziehen lassen, dann den Zitronensaft, ein paar Basilikumblätter und die kleingewürfelten Tomaten zufügen.
4. Die Muscheln mit der Marinade in einer schönen glasierten Tonschüssel servieren und dazu geröstetes Brot reichen.

MEINE WEINEMPFEHLUNG

Muscadet, Cuvée »10,5°«, Metaireau

MUSCHELN

Miesmuschelfrikassee
MIT PFIFFERLINGEN

1,5 kg Miesmuscheln
1 kg kleine Pfifferlinge
2 Schalotten
100 ml trockener Weißwein
1 Knoblauchzehe
100 g Butter
**Salz und frisch
gemahlener Pfeffer**
1 EL gehackte Petersilie

MEINE WEINEMPFEHLUNG

*Sancerre blanc,
Chêne Marchand*

1. Die Miesmuscheln gut abbürsten und sehr gründlich waschen.
2. Die Pfifferlinge waschen und abtropfen lassen.
3. Die Schalotten schälen, sehr fein hacken und in einem walnußgroßen Stück Butter in einer Pfanne sautieren. Die Miesmuscheln zugeben, salzen, pfeffern, mit dem Weißwein ablöschen und zugedeckt etwa 4 Minuten bei starker Hitze garen lassen, bis die Muscheln sich öffnen.
4. Die Pfanne vom Herd ziehen und die Muscheln in einem Sieb abtropfen lassen, dabei den Saft auffangen und nochmals durch ein Tuch abseihen. Alles beiseite stellen.
5. Die Knoblauchzehe schälen, hacken und in einem walnußgroßen Stück Butter zusammen mit den Pfifferlingen in einer Pfanne dünsten. Salzen, pfeffern und von der Kochstelle nehmen. Die Pilze in einem Sieb abtropfen lassen, den Saft auffangen und zu dem Muschelsaft geben.
6. Die Muscheln aus den Schalen lösen und behutsam mit den Pfifferlingen mischen.
7. Für die Sauce den Saft von den Muscheln und den Pfifferlingen bei schwacher Hitze um die Hälfte einkochen lassen, dann 100 g Butter nach und nach in die Mischung einarbeiten.
8. In einer großen Pfanne die Muscheln und die Pfifferlinge zusammen mit der Sauce bei niedriger Temperatur nochmals erhitzen, salzen und pfeffern und in einer flachen vorgewärmten Schüssel mit gehackter Petersilie bestreut servieren.

MUSCHELMINESTRONE MIT PISTOU

700 g Miesmuscheln

700 g Herzmuscheln, über Nacht in Salzwasser gewässert

8 Teppichmuscheln

8 große Venusmuscheln

8 kleine Felsenaustern

4 Jakobsmuschelnüsse

1 Fenchelknolle

1 Zucchini, 2 Tomaten

100 g kleine weiße Bohnen

200 g frische Erbsen

100 g grüne Bohnen

40 g kleine Makkaroni (oder Spaghetti, in Stücke gebrochen)

8 große Basilikumblätter

80 g Butter

1 große Zwiebel, gehackt

200 ml trockener Weißwein

1 kleines Bouquet garni (Petersilie, Thymian, Lorbeer, Bleichsellerie)

1 Knoblauchzehe

Salz und frisch gemahlener Pfeffer

1. Die weißen Bohnen in kochendem Wasser ohne Salz garen, das Bouquet garni hinzufügen; die Bohnen erst am Ende der Garzeit salzen.
2. Alle Muscheln säubern, die Austern öffnen und den Saft auffangen.
3. In einem großen Topf die Zwiebel in 20 g Butter dünsten, dann den Weißwein zugeben. Um ein Drittel einkochen lassen und die Miesmuscheln, Herzmuscheln, Teppichmuscheln und Venusmuscheln zugeben. Pfeffern und zugedeckt garen lassen, bis sich alle Muscheln öffnen. Das Muschelfleisch aus den Schalen lösen und in einer Schüssel aufbewahren.
4. Den Saft der Muscheln mit dem Austernwasser durchseihen und in einen Topf geben.
5. Zucchini, Fenchel, Tomaten und grüne Bohnen in Würfel von 3 × 3 mm schneiden. Die Erbsen enthülsen.
6. Die Jakobsmuschelnüsse in je vier Scheiben schneiden. Für den Pistou die restliche Butter mit der zuvor entkeimten Knoblauchzehe und den Basilikumblättern mixen. Kühl stellen.
7. Die Nudeln in einem Topf al dente kochen.
8. Das Gemüse getrennt in Salzwasser bißfest kochen, dann mit kaltem Wasser abschrecken und abtropfen lassen.
9. Vier tiefe Teller mit Butter auspinseln und je zwei Austern und vier Scheiben Jakobsmuschelnüsse darauflegen. Im Backofen bei geöffneter Ofentür warm stellen.
10. Den Muschelsaft zum Kochen bringen, mit dem Schneebesen den Pistou unterschlagen, das Gemüse, die Nudeln und die Muscheln hinzufügen, mit Salz und Pfeffer nachwürzen, dann auf die vorbereiteten Teller verteilen. Die Minestrone sehr heiß servieren.

Muschelfrikassee mit Kurkuma

500 g Miesmuscheln

500 g Herzmuscheln

12 Teppichmuscheln

24 Kammuscheln, aus der Schale gelöst

2 Stangen Lauch

4 Schalotten

100 ml trockener Weißwein

100 g Butter

1 rote Paprikaschote

1 Zweig Thymian

½ TL Kurkuma

Olivenöl

Salz und frisch gemahlener Pfeffer

MEINE WEINEMPFEHLUNG
*Vin de Pays de l'Hérault,
Mas de Daumas Gassac*

1. Die Herzmuscheln über Nacht in Salzwasser wässern.
2. Die Miesmuscheln abbürsten und ebenso wie die gewässerten Herzmuscheln und die Teppichmuscheln gründlich reinigen.
3. Den Lauch putzen, waschen und in 1 cm dicke Scheiben schneiden.
4. Die Schalotten schälen und feinhacken, dann in einem Topf in 20 g Butter andünsten. Den Weißwein zugießen und alles 1 Minute kochen lassen. Die Herzmuscheln, Miesmuscheln und Teppichmuscheln hinzufügen, pfeffern und den Thymianzweig zugeben. Zugedeckt 2 bis 3 Minuten garen lassen, bis die Muscheln sich öffnen. Die Muscheln herausnehmen und aus den Schalen lösen, den Saft auffangen und durch ein Tuch abseihen.
5. Die Paprikaschote häuten, halbieren, entkernen und in kleine Würfel schneiden. Die Paprikaschotenwürfel einige Sekunden in kochendem Wasser blanchieren, gut abtropfen lassen und beiseite stellen.
6. Die Kammuscheln vom Bart befreien, unter fließendem Wasser waschen und auf Küchenpapier abtropfen lassen.
7. Den Lauch in 20 g Butter bei schwacher Hitze andünsten und etwa 20 Minuten zugedeckt garen lassen.
8. Von dem Muschelsaft 200 ml abmessen und um die Hälfte einkochen lassen, Kurkuma hinzufügen und 60 g Butter kräftig unterschlagen. Abschmecken und warm stellen.
9. Die Kammuscheln mit Salz und Pfeffer würzen, 1 Minute in Olivenöl kräftig anbraten und abtropfen lassen.
10. Die Paprikaschotenwürfel in die mit Kurkuma gewürzte Sauce geben und alle Muscheln zusammen darin erhitzen, ohne daß sie nochmals kochen. Erneut abschmecken.
11. Den Lauch auf vier vorgewärmte tiefe Teller verteilen und die Muscheln und die Sauce darauf geben. Sofort servieren.

ABALONE

Die Form der Abalone erinnert an die eines Ohrs, daher auch ihr Name Meerohr. Abalonen sehen auf den ersten Blick wie Muscheln aus, sind aber den Schnecken zuzuordnen. Es gibt eine Abalonen-Art, die im Mittelmeerraum und in den wärmeren Bereichen der Atlantikküste lebt. Der überwiegende Teil dieser Schnecken kommt aber aus wärmeren Meereszonen, vor allem aus Kalifornien. Da sie immer seltener werden, ist ihr Fang inzwischen streng reglementiert.

Das weiße Fleisch dieser Meeresschnecke muß nach dem Parieren vor der weiteren Verarbeitung unbedingt weichgeklopft werden.

Gebratene Abalonen mit Knoblauch und Petersilie

8 Abalonen
120 g Butter
1 Bund glatte Petersilie
200 g Wildchampignons
1 Schalotte, feingehackt
50 ml Olivenöl
1 Knoblauchzehe
50 g Mehl
Salz und frisch gemahlener Pfeffer

MEINE WEINEMPFEHLUNG
Entre-Deux-Mers, Château Haut-Nadeau

1. Die Abalonen 48 Stunden im Kühlschrank ruhen lassen, falls sie ganz frisch gefangen worden sind. Sind sie das nicht, genügt eine Nacht.
2. Mit einem Messer die Abalonen aus dem Gehäuse lösen, von den Innereien befreien und kräftig unter fließendem kaltem Wasser abbürsten. Abtropfen lassen.
3. Das Abalonenfleisch wie ein Schnitzel weichklopfen.
4. Die Petersilienblätter abzupfen, waschen, hacken und kühl stellen.
5. Die Champignons putzen, gut waschen und gründlich abtropfen lassen.
6. Die Schalotte in 20 g Butter kurz bei starker Hitze dünsten. Die Champignons zufügen, salzen, pfeffern und die entstandene Flüssigkeit bei starker Hitze verdampfen lassen. Warm stellen.
7. Die Abalonen auf ein Küchenbrett legen und jeweils in vier Schnitzel schneiden. Die Schnitzel mit Salz und Pfeffer würzen, in Mehl wenden und überschüssiges Mehl abschütteln.
8. Das Olivenöl bei starker Hitze in einer beschichteten Pfanne erhitzen und die Abalonen einige Sekunden auf beiden Seiten darin anbraten. Mit Salz und Pfeffer würzen und beiseite stellen.
9. In einer kleinen Pfanne die restliche Butter etwas Farbe annehmen lassen. Die Knoblauchzehe schälen, feinhacken und zusammen mit der Petersilie kurz in der Butter andünsten.
10. Die Champignons in der Mitte von vier vorgewärmten Tellern anordnen, rundherum die Abalonenschnitzel legen und mit der Petersilienbutter überziehen. Sehr heiß servieren.

Sie können statt Wildchampignons auch in Stücke geschnittene Zucchini verwenden.

Seeigel

Natürlich gehören Seeigel nicht zu den Muscheln, sie sind Stachelhäuter, so wie Seegurken oder Seesterne. Doch da sie zu den Meeresfrüchten gehören, die wie die Austern vor allem roh verzehrt eine Delikatesse sind, habe ich sie diesem Kapitel zugeordnet.

Die besten Seeigel haben eine abgeflachte Form, sind grünlich braun oder violett bis schwarz und tragen lange bewegliche Stacheln. Gefangen werden sie bei Ebbe in den Felsspalten an der Küste, und zwar vor allem im Mittelmeerraum und in der Bretagne.

Eßbare Teile der Seeigel sind nur die Eierstöcke beziehungsweise die Gonaden, auch Zungen genannt.

Zum Schluß sei noch erwähnt, daß die bei Vollmond gefangenen Seeigel – so heißt es jedenfalls – aphrodisische Wirkung haben sollen.

Croûtons mit Seeigeln

8 Seeigel

(Sie können sie vom Fischhändler öffnen lassen)

1 dunkles Baguette

100 g leicht gesalzene Butter

1. Die Seeigelzungen vorsichtig mit einem kleinen Löffel herauslösen und auf einem Teller zur Seite stellen.
2. Das Baguette schräg in 20 Scheiben aufschneiden. Die Scheiben unter dem Grill toasten, dünn mit Butter bestreichen und mit je zwei der Seeigelzungen belegen. Diese köstlichen Häppchen sofort servieren.

MEINE WEINEMPFEHLUNG

Ein weißer Vin de Pays

Kleine Muscheln in Seeigelschalen

12 große bretonische Seeigel

400 g Miesmuscheln

400 g Herzmuscheln

12 kleine Jakobsmuscheln, aus den Schalen gelöst

1 Kopfsalatherz

10 Stengel Schnittlauch

2 Stengel Kerbel

Salz und frisch gemahlener Pfeffer

FÜR DIE ZUBEREITUNG
DER MIES- UND HERZMUSCHELN

2 große Zwiebeln

2 Gläser trockener Weißwein

2 Zweige Thymian

50 g Butter

Salz und frisch gemahlener Pfeffer

FÜR DIE VINAIGRETTE

4 EL kaltgepreßtes Olivenöl

2 EL kaltgepreßtes Traubenkernöl

2 EL Sherryessig

1 kleine Schalotte, sehr fein gehackt

Salz und frisch gemahlener Pfeffer

MEINE WEINEMPFEHLUNG

Alsace, Cuvée des Écaillers, Léon Beyer

1. Die Herzmuscheln über Nacht in Salzwasser wässern.
2. Die Seeigel öffnen, die Zungen mit einem kleinen Löffel herauslösen und im eigenen filtrierten Saft beiseite stellen. Die Schalen der Seeigel waschen und aufbewahren.
3. Die Herz- und Miesmuscheln waschen. Den Weißwein mit der Butter erhitzen, den Thymian zugeben und darin die Muscheln garen. Aus den Schalen lösen und in der durch ein Tuch abgeseihten Kochflüssigkeit beiseite stellen.
4. Die Nüsse der Jakobsmuscheln unter fließendem kaltem Wasser waschen und abtropfen lassen.
5. Aus den angegebenen Zutaten eine Vinaigrette bereiten und mit 2 EL Seeigelsaft mischen.
6. Die Salatblätter in feine Streifen schneiden und die Seeigelschalen damit auslegen.
8. Die Jakobsmuschelnüsse halbieren, salzen, pfeffern und in einem walnußgroßen Stück Butter in einer beschichteten Pfanne 1 Minute auf jeder Seite anbraten. Abtropfen lassen.
9. Miesmuscheln, Herzmuscheln, Jakobsmuscheln und Seeigelzungen auf die Seeigelschalen verteilen. Die Vinaigrette hinzufügen und mit dem gehackten Schnittlauch und Kerbelblättchen garnieren. Die Seeigelschalen auf Tellern anrichten. Nicht in den Kühlschrank stellen, sondern bei Zimmertemperatur servieren.

KRUSTENTIERE

KRUSTENTIERE

SÄGEGARNELE

Die Sägegarnele, auch Rosa Krabbe genannt, ist 7 bis 10 cm lang und von einer hellbronzenen durchscheinenden Farbe mit hübschen braunen, leicht opaken Streifen. Sie kommt fast überall an der bretonischen Felsenküste vor. In der Charente sind die Häfen Cotinière auf der Insel Oléron – wo die Sägegarnelen auf offener See gefangen werden – und Saint-Gilles-Croix-de-Vie für ihre erstklassigen Garnelen berühmt. Sie werden mit Krabbennetzen, auch Garnelennetze genannt, oder Hummerreusen gefangen.

Garnelen kauft man – zumindest bei uns in Frankreich und in anderen Mittelmeerländern – lebend und bereitet sie selbst zu, um sie so frisch wie möglich zu genießen.

SÄGEGARNELEN IN BRETONISCHER BUTTER GEBRATEN

400 g Sägegarnelen, lebend

80 g leicht gesalzene Butter

1 Knoblauchzehe, geschält

Salz und frisch

gemahlener Pfeffer

1. Die Butter in einer Pfanne zerlassen. Sobald sie heiß ist, die Garnelen und die ganze Knoblauchzehe hinzufügen. Etwa 3 Minuten garen, dabei die Garnelen alle 30 Sekunden wenden. Sind die Garnelen schon vorgegart, werden sie entsprechend kürzer gebraten.
2. Salzen, pfeffern, die Knoblauchzehe entfernen und sofort servieren.

MEINE WEINEMPFEHLUNG

Muscadet-sur-lie, Guy Bossard

KRUSTENTIERE

NORDSEEGARNELE

Diese Garnelenart gehört zur Familie der Sandgarnelen und wird praktisch das ganze Jahr über gefangen, vor allem in nordeuropäischen Gewässern. Die Nordseegarnele ist viel kleiner als zum Beispiel die Sägegarnele, und ihr Körper ist durchscheinend und grau. Ihre transparente, gelblich graue Farbe wird erst durch das Garen opak. Ihr Fleisch ist reich an Proteinen und enthält alle wichtigen Aminosäuren. Auch diese Garnelenart wird bei uns in Frankreich lebend auf den Märkten angeboten, während man sie in anderen Ländern meist schon auf den Fangschiffen kocht.

Gedämpfte Garnelen mit Algen

400 g Nordseegarnelen, lebend oder bereits gekocht

300 g Algen

1 l Wasser

Salz und frisch gemahlener Pfeffer

1 Dämpfkorb aus Bambus

1. Das Wasser mit 250 g Algen in einem Topf zum Kochen bringen.
2. Währenddessen die Garnelen in einem Sieb unter fließendem Wasser waschen.
3. Wenn das Wasser kocht, den Dämpfkorb in den Topf setzen, ein paar Algen darin verteilen und die Garnelen hineingeben. Salzen, pfeffern und zugedeckt 2 Minuten garen lassen. Direkt im Dämpfkorb servieren.

MEINE WEINEMPFEHLUNG

Gros-plant du Pays nantais,
Guy Bossard

KRUSTENTIERE

BÄRENKREBS

Man findet den Bärenkrebs in Küstennähe auf dem Felsengrund des Mittelmeeres und des Ostatlantiks. Mit seiner hübschen grünlich braunen Farbe hat er Ähnlichkeit mit der Languste, zudem der Schwanz des Bärenkrebses ebenso kräftig ausgebildet ist. Es gibt ihn in zwei Arten: der Große Bärenkrebs, der bis zu zwei Kilo wiegt und etwa 45 Zentimeter lang werden kann, und der Kleine Bärenkrebs, der gerade mal zehn Zentimeter Länge erreicht. Leider sind beide auf unseren Märkten ziemlich selten zu bekommen.

*B*ÄRENKREBSE MIT BASILIKUM

2 Bärenkrebse à 750 g
150 ml kaltgepreßtes Olivenöl
2 Knoblauchzehen
1 gestrichener TL Fenchelsamen
1 gestrichener TL Korianderkörner
3 oder 4 Basilikumblätter
2 Tomaten
10 Stengel Schnittlauch
Saft von ½ Zitrone (nach Geschmack)
Salz und frisch gemahlener Pfeffer

1. Mehrere Stunden vor der Zubereitung – oder am Vorabend – die Fenchelsamen und Korianderkörner in einem Mörser zerstoßen, ebenso die zuvor geschälten Knoblauchzehen. Die Basilikumblätter zerkleinern und alles in 100 ml Olivenöl ziehen lassen.

2. Den Backofen auf 250 °C vorheizen. Die Krebse der Länge nach halbieren und den Darm und den Magensack entfernen. Die Krebse auf das Backblech legen, salzen und pfeffern und mit dem restlichen Olivenöl begießen. 10 bis 12 Minuten garen lassen.

3. Die Tomaten häuten und in Würfel schneiden, den Schnittlauch in feine Ringe schneiden. Die Tomatenwürfel und den Schnittlauch in eine Sauciere geben, dann mit der vorbereiteten Ölmischung (nach Geschmack den Zitronensaft zugeben) bedecken.

4. Die Krebshälften auf vier vorgewärmte Teller legen, mit dem aromatisierten Öl beträufeln und sofort servieren.

MEINE WEINEMPFEHLUNG

Ajaccio blanc, Domaine Comte Peraldi

FLUSSKREBS

Die besten Flußkrebse kommen aus Louisiana. Die Farbe ihrer Panzer ist leuchtend dunkelrot.

In Frankreich verbietet seit 1976 aus Gründen des Umweltschutzes ein Gesetz die Zucht von Krebsen in Flüssen, denn die kleinen Tiere könnten entwischen und, was eine Unart von ihnen ist, die Flußufer aushöhlen und somit zum Einsturz bringen.

Bei uns in Frankreich stammt der Edelkrebs meistens aus der Auvergne, doch qualitativ gleichwertig ist er auch, wenn er aus Bergbächen kommt oder in Wildbächen wie beispielsweise im Elsaß aufgewachsen ist. Der unvergleichlich gute Geschmack und natürlich der hohe Preis machen Flußkrebse heute zu einer besonderen Delikatesse. Und da diese Tiere so empfindlich auf Verschmutzungen des Wassers reagieren, ist ihr Bestand in unseren Bächen und Flüssen dramatisch zurückgegangen. So sind wir mehr und mehr gezwungen, auf importierte Ware zurückzugreifen.

Der inzwischen in Europa heimisch gewordene Amerikanische Flußkrebs, der seit Anfang der zwanziger Jahre hier einen neuen Lebensraum gefunden hat, ist von der Qualität her nicht mit dem Edelkrebs vergleichbar.

FLUSSKREBSE À LA MARINIÈRE

Rezept von Michel Bouzy, Küchenchef des Restaurants Prunier im Jahre 1929

1. Die Krebse in Butter sautieren. Feingehackte Zwiebel und Sellerie zufügen, Weißwein zugeben, mit Salz und Pfeffer abschmecken und die Krebse garen lassen.
2. In einer Steingutform anrichten. Die Garflüssigkeit um die Hälfte einkochen lassen, mit Butter aufmontieren und über die Krebse gießen. Mit etwas gehackter Petersilie bestreuen.

MEINE WEINEMPFEHLUNG
*Chablis 1er cru Vau de Vey,
Domaine de l'Églantière*

Salat von Flusskrebsen

2 kg lebende Flußkrebse

2 Möhren

2 große Zwiebeln

2 Knoblauchzehen

1 Bouquet garni

(Petersilie, Thymian, Lorbeer, Bleichsellerie)

50 ml Cognac

1 Glas trockener Weißwein

Salatmischung, geputzt, gewaschen und trockengeschleudert

(Feldsalat, Eichblattsalat, Frisée etc., je nach Saison)

1 Bund Schnittlauch

20 g Butter

Salz und frisch gemahlener Pfeffer

FÜR DIE VINAIGRETTE

1 Schalotte, feingehackt

1 EL Sherryessig

1 EL kaltgepreßtes Traubenkernöl

1 EL kaltgepreßtes Olivenöl

4 Estragonblätter, gehackt

Salz und frisch gemahlener Pfeffer

MEINE WEINEMPFEHLUNG

Sancerre blanc, Clos du Roy

1. Die Krebse waschen. In einem großen Topf Salzwasser zum Kochen bringen, die Krebse – Kopf vorweg – hineingeben und im sprudelnd kochenden Wasser 3–4 Minuten garen.
2. Die Möhren und Zwiebeln schälen und in kleine Würfel schneiden, die Knoblauchzehen zerdrücken und alles einige Minuten in Butter dünsten. Die abgetropften Krebse zugeben, kurz anbraten, dann mit Cognac flambieren. Salzen, pfeffern, mit dem Weißwein ablöschen und 4 bis 5 Minuten zugedeckt köcheln lassen. Die Krebse herausnehmen und die Garflüssigkeit aufbewahren.
3. Aus den angegebenen Zutaten eine Vinaigrette bereiten und mit 1 EL der Garflüssigkeit gut vermischen.
4. Die Schale der Krebsschwänze entfernen, dabei darauf achten, daß die Schwänze mit den Köpfen verbunden bleiben.
5. Den Schnittlauch feinwiegen und zu der Salatmischung geben. Alles mit etwas Vinaigrette würzen und die Mischung auf vier vorgewärmte Teller häufen. Die Krebse rundherum arrangieren, mit etwas Vinaigrette beträufeln und sofort servieren.

KRUSTENTIERE

Flusskrebse auf meine Art

---

1 kg lebende Flußkrebse

6 kleine junge Zwiebeln

2 große Möhren

50 ml Cognac

2 Knoblauchzehen

200 ml trockener Weißwein

1 Bund Petersilie

Olivenöl

Salz und frisch gemahlener Pfeffer

---

1. Die Krebse waschen. In einem großen Topf Salzwasser zum Kochen bringen, die Krebse – Kopf vorweg – hineingeben und im sprudelnd kochenden Wasser 3–4 Minuten garen.
2. Die Zwiebeln und die Möhren schälen, in ganz kleine Würfel schneiden (ca. 2 × 2 mm) und in einem Schmortopf in dem Olivenöl anbraten. Dann die abgetropften Krebse hinzufügen.
2. Die Krebse mit etwas Salz und Pfeffer würzen und mehrfach wenden, dann mit dem Cognac flambieren.
3. Die Knoblauchzehen schälen, feinhacken, zu den Krebsen geben und gut untermischen. Den Weißwein angießen und alles zugedeckt bei schwacher Hitze 5 Minuten garen lassen.
4. Die Krebse auf einer Platte anrichten. Die Garflüssigkeit darübergießen. Die Petersilie hacken und auf den Krebsen verteilen. Die Krebse 10 Minuten abkühlen lassen (sonst verbrennt man sich beim Ablösen der Schalen die Finger) und dann servieren.

MEINE WEINEMPFEHLUNG

Chablis 1er cru Fourchaume, Jean Durup

KRUSTENTIERE

KAISERGRANAT

Der Kaisergranat gehört zur Hummerfamilie. Meist sind die Tiere bei uns als Scampi im Handel, sie werden aber auch fälschlicherweise als Langustenschwänze bezeichnet. Wie der Hummer verkriecht sich der Kaisergranat tagsüber im schlammigen Meeresboden und kommt nur nachts hervor, um Nahrung aufzunehmen. Er ist ein empfindliches Krustentier, das äußerst frisch verspeist werden sollte. Die einfachste Zubereitungsart ist für den Kaisergranat auch die beste: je nach Größe wird er 2 bis 6 Minuten in einer mit Salz und Pfeffer gewürzten Courtbouillon pochiert.

Salvador Dali hat einmal gesagt: »Ich schreibe dem Spinat im besonderen und jeder Nahrung überhaupt essentielle ästhetische und orale Werte zu. Das Gegenteil von Spinat ist der Panzer. Ich esse für mein Leben gern Gepanzertes, im Grunde jede Art von Krustentier, das sich erst nach dem Lösen aus der Schale von unserem Gaumen erobern läßt. Der Kiefer ist unser bestes Instrument philosophischer Erkenntnis.« Lösen wir also diesen fleischigen, üppigen und glänzenden Kaisergranat – der gut und gern 25 cm mißt – aus seiner Schale und philosophieren wir!

Gebackene Scampi mit Estragon

16 große Scampi

50 ml Olivenöl

1 Zweig frischer Estragon

Salz und frisch gemahlener Pfeffer

1. Die Scampi in kaltem Wasser waschen, der Länge nach in ihrer Schale halbieren und in eine feuerfeste Form geben.
2. Das Scampifleisch mit Olivenöl bepinseln, salzen und pfeffern.
3. Den Estragon feinhacken und beiseite stellen.
4. Die Form für 7 bis 8 Minuten in den auf 180 °C vorgeheizten Backofen stellen, dann herausnehmen, die Scampi mit dem gehackten Estragon bestreuen und sofort servieren.

MEINE WEINEMPFEHLUNG
*Alsace Tokay-Pinot gris,
Réserve particulière,
Colette Faller*

KRUSTENTIERE

Gazpacho mit Scampi

---

12 große Scampischwänze, aus der Schale gelöst

½ Salatgurke

8 mittelgroße Tomaten

1 rote Paprikaschote

1 kleine Knoblauchzehe

1 Scheibe Toastbrot

100 ml Olivenöl

½ Bund Basilikum

2 EL Sherryessig

Olivenöl

Salz und frisch gemahlener Pfeffer

---

1. Die Gurke schälen und das Innere entfernen. Die Tomaten und die Paprikaschote vom Stielansatz befreien, halbieren und entkernen. Die Knoblauchzehe schälen.

2. Das Basilikum waschen und vier Blätter zum Garnieren zurücklegen.

3. Gurke, Tomaten, Paprikaschote und die Scheibe Toastbrot in Würfel schneiden. Alles mit Olivenöl beträufeln, salzen, pfeffern und 2 EL Wasser, den Essig, die kleine geschälte Knoblauchzehe in einem Stück und das restliche gehackte Basilikum zugeben. In einer mit Folie abgedeckten Schüssel 1 Stunde im Kühlschrank marinieren lassen.

4. Diese Mischung im Mixer zu einer recht flüssigen Suppe verarbeiten. Falls sie zu dick ist, etwas Wasser zugeben.

5. Durch ein Spitzsieb passieren und dabei mit einer kleinen Suppenkelle gut nachpressen. Erneut mit Salz und Pfeffer abschmecken. Kühl stellen.

6. In einer beschichteten Pfanne 1 EL Olivenöl erhitzen. Die aus den Schalen gelösten Scampischwänze salzen, pfeffern und etwa 20 Sekunden auf beiden Seiten anbraten. Auf Küchenpapier abtropfen lassen und beiseite stellen, bis sie Zimmertemperatur erreicht haben.

7. Je einen Schöpflöffel Gazpacho in einen tiefen Teller geben, sternförmig 3 Scampischwänze darauf arrangieren, mit den Basilikumblättern dekorieren und servieren.

Sie können dazu separat in kleinen Schälchen Tomaten-, Paprikaschoten-, Gurken- und Zwiebelwürfel reichen.

KRUSTENTIERE

Gebratene Scampi mit Chinakohl

24 Scampischwänze, aus der Schale gelöst

(oder 2 kg ganze Scampi)

1 Chinakohl

100 g Räucheraal

1 EL Honig

2 EL Sherryessig

50 g Butter

1 EL Olivenöl

Salz und frisch

gemahlener Pfeffer

1. Die Blätter vom Kohl ablösen und die dicken Rippen herausschneiden. Die Blätter waschen und abtropfen lassen.
2. Das Aalfleisch in kleine Würfel schneiden.
3. Honig und Essig in einen Topf geben und um die Hälfte einkochen lassen, dann 30 g Butter gut unterschlagen. Warm stellen.
4. In einem Topf 20 g Butter anbräunen und den Kohl zugeben. Mit Salz und Pfeffer würzen, dünsten und gegen Ende der Garzeit den Räucheraal zugeben.
5. Das Olivenöl in einer beschichteten Pfanne erhitzen. Die Scampi salzen, pfeffern und 30 Sekunden auf jeder Seite anbraten.
6. Den Kohl etwas abtropfen lassen, in die Mitte von vier vorgewärmten Tellern geben, rundherum je sechs Scampischwänze anordnen, mit der süß-sauren Sauce begießen und sofort servieren.

MEINE WEINEMPFEHLUNG

Sancerre blanc, Grande Côte, P. Cotat

KRUSTENTIERE

Scampi in der Hülle mit Kräutersalat

20 Scampi à 70 bis 80 g
6 Basilikumblätter
1 Bund Schnittlauch
1 Bund Kerbel
1 Bund glatte Petersilie
4 Stengel Dill
2 mittelgroße Tomaten
50 g Sojabohnenkeime
4 Blätter Filloteig
2 EL Vinaigrette
(Sherryessig, Olivenöl, Salz und Pfeffer)
1 EL Reisessig
1 EL Mirin (süßer Sake)
1 EL Sojasauce
1 Eiweiß
Salz und frisch gemahlener Pfeffer
Erdnußöl

1. Die Kräuter waschen und trockentupfen. Die Petersilien-, Kerbel- und Dillblätter abzupfen. Den Schnittlauch in 2 cm lange Stücke schneiden. Die Tomaten häuten, entkernen und in Würfel schneiden. Alles, bis auf das Basilikum, miteinander mischen und in einer Salatschüssel beiseite stellen.

2. Das verdickte Ende der Sojabohnenkeime abschneiden, die Keime einige Sekunden blanchieren, in kaltem Wasser abschrecken, abtropfen lassen und zu der Kräuter-Tomaten-Mischung geben.

3. Die Scampischwänze schälen und vorsichtig den Darm entfernen.

4. Den Filloteig in 20 Quadrate von 10 × 10 cm schneiden.

5. Reisessig, Sake und Sojasauce miteinander mischen und beiseite stellen.

6. Die Filloteigquadrate auf einem Tisch ausbreiten. Das Eiweiß mit einer Gabel schlagen und die Teigränder damit einpinseln. Auf jedes Quadrat einen der ausgelösten Scampi legen, salzen, pfeffern und ein kleines Stück Basilikum daraufgeben, dann die Ränder über den Scampi hochklappen und fest zusammendrücken.

7. Das Öl in einer Friteuse auf 180 °C erhitzen. Anschließend die Teigpäckchen in die Friteuse tauchen und solange fritieren, bis sie schön braun sind. Die Päckchen herausholen und auf Küchenpapier abtropfen lassen. Salzen und warm stellen.

8. Die Mischung aus Kräutern, Sojakeimen und Tomaten auf vier vorgewärmte Teller geben. Die Vinaigrette und die asiatische Gewürzmischung darüberträufeln und jeweils fünf Teigpäckchen auf den Tellern verteilen. Sofort servieren.

MEINE WEINEMPFEHLUNG

Mercurey blanc, Domaine Faiveley

KRUSTENTIERE

Artischocken mit Krustentieren und Muscheln in Austernvinaigrette

4 große Artischocken

4 Scampischwänze, aus der Schale gelöst

200 g Miesmuscheln, 200 g Herzmuscheln

10 Felsenaustern

4 Jakobsmuschelnüsse

Saft von 1 Zitrone, 1 EL Sherryessig

1 EL Traubenkernöl, 2 Schalotten

4 Estragonblätter, feingehackt

10 g Butter

½ Glas trockener Weißwein

Olivenöl

1 Handvoll gemischter Salat

Salz und frisch gemahlener Pfeffer

1. Die Herzmuscheln mindestens 2 Stunden in Salzwasser gründlich wässern.
2. Die Artischocken tournieren. Dazu die großen Blätter rundherum und am Strunk ablösen, dann mit einem sehr scharfen kleinen Messer die übrigen Blätter abschneiden, so daß das »Herz«, nach dem Entfernen der härtesten Teile, eine gleichmäßige Form erhält.
3. Wasser zum Kochen bringen, salzen, Zitronensaft und 1 EL Olivenöl zufügen und darin die Artischocken garen. Sie sind gar, wenn sich die Böden leicht mit der Spitze eines scharfen Messers einstechen lassen.
4. Die Herzmuscheln bürsten und waschen.
5. Eine der beiden Schalotten schälen und feinhakken, dann in 10 g Butter dünsten. Mit dem Weißwein ablöschen, kurz aufkochen lassen, die Herz- und Miesmuscheln hineingeben, etwas frisch gemahlenen Pfeffer zufügen und kochen lassen, bis die Muscheln sich öffnen.
6. Die Herz- und Miesmuscheln aus den Schalen lösen, ihren Saft filtrieren und für eine anderweitige Verwendung aufbewahren, zum Beispiel für eine Suppe.
7. Die Austern öffnen und den Saft filtern.
8. Die zweite Schalotte schälen und feinhacken, dann in eine kleine Schüssel geben und mit Essig, Salz, Pfeffer, 2 EL Olivenöl, 1 EL Traubenkernöl und mit zwei im Mixer samt ihrem Saft verarbeiteten Austern zu einer Vinaigrette verarbeiten. Alles gut verrühren, mit Salz und Pfeffer nachwürzen und den feingehackten Estragon zufügen.
9. In einer beschichteten Pfanne 2 EL Olivenöl erhitzen, die Scampischwänze und die Jakobsmuschelnüsse salzen und pfeffern, dann 20 Sekunden auf jeder Seite anbraten und warm stellen.
10. Die Artischocken abtropfen lassen, das Heu entfernen und die Artischocken in die Mitte von vier vorgewärmten Tellern legen. Mit Muscheln, Krustentieren und den restlichen, aus der Schale gelösten Austern garnieren. Rundherum einige Salatblätter arrangieren, mit Vinaigrette beträufeln und servieren.

MEINE WEINEMPFEHLUNG

Pouilly-Fumé, Cuvée Acacia, J. Grothe

KRUSTENTIERE

Krustentiere im Wirsingblatt

1 großer Wirsing

2 Taschenkrebse à 600 g

8 Scampischwänze

1 Fenchel

1 große Zwiebel

50 ml Sahne

60 g Butter

Geflügelfond

Olivenöl

Salz und frisch gemahlener Pfeffer

1. Die Taschenkrebse in einer Courtbouillon 15 Minuten kochen, etwas abkühlen lassen und aus den Schalen lösen.
2. Die harten äußeren Kohlblätter entfernen und 8 schöne zartgrüne Blätter auswählen. Die Blätter blanchieren, in kaltem Wasser abschrecken und auf einem Tuch abtropfen lassen.
3. Die Zwiebel schälen, feinhacken und in 20 g Butter andünsten.
4. Den Fenchel kleinschneiden und zu der Zwiebel geben. Einige Minuten mitdünsten lassen, dann die Sahne angießen und zugedeckt 15 Minuten sanft köcheln lassen. Mit Salz und Pfeffer abschmecken, durch ein Sieb pressen und beiseite stellen.
5. Die Scampischwänze aus den Schalen lösen und 20 Sekunden in dem Olivenöl auf beiden Seiten anbraten. Abtropfen lassen.
6. Das Krebsfleisch, die geviertelten Scampischwänze und den pürierten Fenchel mit einem Spatel behutsam mischen. Abschmecken.
7. Die 8 Kohlblätter auslegen, salzen, pfeffern und die Füllung darauf verteilen. Die Ränder hochklappen, die einzelnen Päckchen auf ein Tuch legen und in dem Tuch so drehen, daß sie die Form eines kleinen Kohls erhalten.
8. Einen Bräter mit Butter einfetten, die Kohlpäckchen darauf arrangieren, mit dem Fond übergießen, mit Alufolie bedecken und im vorgeheizten Backofen bei 180 °C etwa 10 Minuten garen.
9. Auf vier vorgewärmte Teller jeweils zwei Kohlpäckchen setzen, dann die Garflüssigkeit mit der restlichen Butter aufschlagen und darübergießen. Sofort servieren.

MEINE WEINEMPFEHLUNG

Silvaner Kabinett Trocken,
Weingut A. Christmann

LANGUSTE

Die Europäische Languste ist sicher die beste der Welt. Sie ist das Symbol für die Bretagne, doch man findet sie ebenfalls an den Küsten der Normandie und des Mittelmeers, vor Schottland und Südengland, ja sogar in den Gewässern vor Nordwestafrika.

Dieser Zehnfüßer gilt als strammer Wanderer, bei uns nennt man ihn auch »la coureuse« – die Läuferin. Von den anderen Langusten kann man die Europäische Languste ganz gut unterscheiden, denn ihre Färbung ist wirklich intensiv rot und ihr Schwanzteil trägt zwei Reihen mit weißen dreieckigen Flecken. Die Larven der Langusten häuten sich über zwanzigmal, bevor sie im Alter von fünf Jahren eine Größe von mindestens 23 Zentimeter erreicht haben. Langusten können, wenn sie ausgewachsen sind, immerhin bis zu 45 Zentimeter lang werden.

Im Sommer, wenn das Fleisch der Languste am schmackhaftesten ist, wird sie mit Reusen gefangen. Für diese Delikatesse sind die einfachsten Zubereitungsmethoden auch die besten. Man ißt sie gegrillt, pochiert oder in Folie geschmort und hat immer etwas Besonderes auf dem Teller.

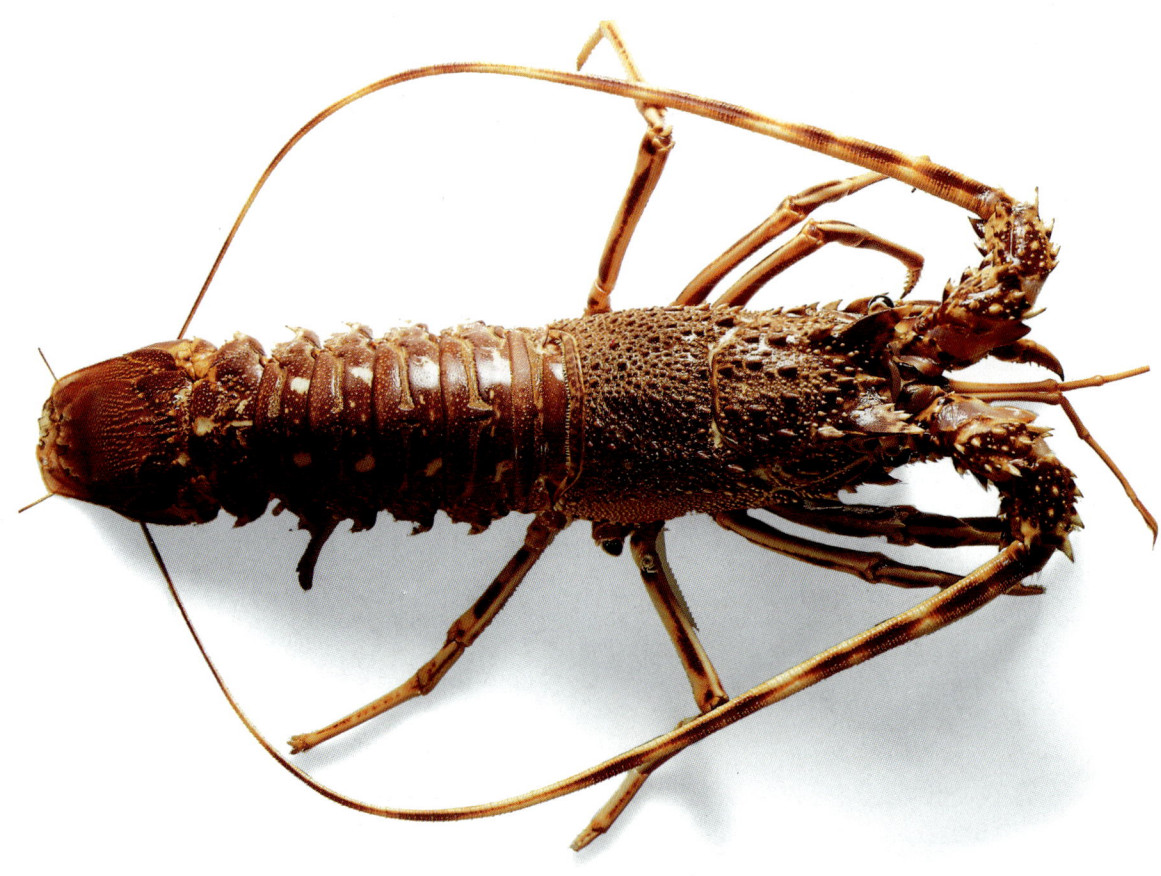

Gekochte Baby-Langusten mit Mayonnaise

4 kleine Langusten à 350 g

2 große Zwiebeln, 2 Möhren

1 Bouquet garni (Petersilie, Thymian, Lorbeer, Bleichsellerie)

½ Sternanis, 3 Knoblauchzehen

Schale von 1 Zitrone und 1 Orange

15 zerstoßene Pfefferkörner

30 Korianderkörner

2 Glas trockener Weißwein

10 Blätter glatte Petersilie

6 Korianderblätter, 6 Estragonblätter

15 Stengel Schnittlauch

Pfeffer, grobes Meersalz

FÜR DIE MAYONNAISE

1 TL Senf

1 TL Weinessig

200 ml Traubenkernöl

2 Eigelb, Salz, Pfeffer

1. Die Möhren und die Zwiebeln schälen. In einem großen Topf 2 l Salzwasser zum Kochen bringen und Möhren, Zwiebeln, die ungeschälten und ganzen Knoblauchzehen, das Bouquet garni und die Gewürze hineingeben. Etwa 10 Minuten köcheln lassen, dann die Zitronen- und Orangenschalen sowie den Weißwein hinzufügen und nochmals 5 Minuten kochen lassen.

2. Die kleinen Langusten – mit dem Kopf vorweg – in den sprudelnd kochenden Sud geben (Vorsicht vor Spritzern!) und 9 Minuten pochieren. In der Zwischenzeit die Mayonnaise zubereiten.

3. Die Langusten aus dem Sud nehmen, halbieren und die Panzer behutsam von den Schwänzen lösen, so daß die Kopfpanzer nicht mit abgehen. Die Langustenhälften auf vier vorgewärmte Teller legen.

4. So viel von dem Sud zu der Mayonnaise geben, daß eine leichte Sauce entsteht. Mit Salz und Pfeffer nachwürzen. Die Kräuter feinhacken und unter die Sauce rühren. Die Sauce getrennt in einer Sauciere servieren.

MEINE WEINEMPFEHLUNG

Meursault, Clos de la Barre

KRUSTENTIERE

Languste aus der Bretagne auf thailändische Art

2 weibliche Langusten aus der Bretagne

(à ca. 800 g)

16 Felsenaustern

1 Orange

1 Zitrone

1 kleiner Bund frischer Koriander

1 kleiner Bund glatte Petersilie

1 kleiner Bund thailändisches Basilikum

2 mittelgroße Tomaten

100 ml Olivenöl

2 Schalotten

10 g Butter

20 Korianderkörner, zerstoßen

10 Körner schwarzer Pfeffer, zerstoßen

Salz

1. Die Austern aus der Schale lösen und ihren Saft auffangen.

2. Die Schalotten schälen, feinhacken und in Butter dünsten. Die Schale der Orange und der Zitrone ohne das Weiße ablösen und beiseite stellen, den Saft auspressen und mit dem gefilterten Saft der Austern zu den Schalotten geben. Die Tomaten enthäuten, entkernen und in kleine Würfel schneiden, dann ebenfalls zugeben. Alles um die Hälfte einkochen lassen und beiseite stellen.

3. Die Kräuter waschen, abtropfen lassen und mit Küchenpapier trockentupfen. Feinhacken und beiseite stellen.

4. Die Langusten in sprudelnd kochendes Wasser – Kopf vorweg – geben, nach 2–4 Minuten aus dem Topf heben und in kaltem Wasser abschrecken. Den Kopf der Langusten abschneiden und der Länge nach teilen. Den Magensack auslösen, die Schwänze jeweils in 4 Stücke teilen und den Darm entfernen.

5. Die 12 Langustenstücke salzen und pfeffern, dann in einem großen Topf 2–3 Minuten in dem Olivenöl braten. Anschließend im auf 180 °C vorgeheizten Backofen 20 Minuten garen. Nach der Hälfte der Bratzeit wenden.

6. Die Langustenstücke aus dem Topf nehmen und dabei über dem Topf abtropfen lassen. Warm stellen.

7. Die Zitronen- und Orangenschalen blanchieren, dann in sehr feine Streifen schneiden. In den Topf mit dem Bratsaft der Langusten geben. Dann die gedünsteten Tomaten, die Austern und die zerstoßenen Koriander- und Pfefferkörner hinzufügen. Alles behutsam durchrühren und 10 Minuten bei geringer Hitze garen lassen. Anschließend nachwürzen.

8. Die Langusten auf einer vorgewärmten Platte arrangieren und die Stücke mit der Sauce und dem Austernsaft übergießen. Unmittelbar vor dem Servieren die Kräutermischung zugeben.

MEINE WEINEMPFEHLUNG

Sancerre blanc,
Lucien Crochet

Hummer

Von Saint-Malo bis zur Belle-Île, über Roscoff, Camaret und Audierne, überall an der bretonischen Küste spielt der Hummer die Hauptrolle, auch wenn er sich hier zunehmend rar macht. Dieses Meisterwerk des Meeres hat auch seinen festen Platz in der Geschichte, und zwar im Zusammenhang mit der berühmten Streitfrage, ob es Hummer *à l'américaine*, also auf amerikanische, oder *à l'armoricaine*, das bedeutet auf bretonische Art, heißen sollte. Jedenfalls gibt es allen Grund zu der Annahme, daß dieses Rezept, das von manchen Küchenhistorikern Escoffier zugeschrieben wird, seinen Ursprung in der Provence oder dem Languedoc hat. Und wahrscheinlich wurde der Name dieses Rezepts von dem aus Sète stammenden Küchenchef Pierre Fraisse kreiert, der nach einem Aufenthalt in Amerika in seinem Restaurant Peters diesem Hummergericht auf Nachfrage seiner Gäste ganz spontan und angeregt durch seine Reise den Zusatz »à l'américaine« gab. In einem Buch des berühmten Kochs Jules Gouffé findet sich sogar schon 1867 der Hinweis auf ein Rezept für Hummer »à la provençale«, das genauso zubereitet wird.

Die beste Jahreszeit, um Hummer und alle anderen Krustentiere zu essen, ist und bleibt der Sommer. Zu bevorzugen sind die weiblichen Hummer, denn ihr Schwanzteil ist breiter und daher auch fleischiger als das der männlichen Tiere.

KRUSTENTIERE

Gekochter Hummer aus Cherbourg

---

4 weibliche Hummer à 300 g

2 große Zwiebeln

2 Möhren

4 Knoblauchzehen

1 Stange Bleichsellerie

1 Sternanis

20 Körner weißer Pfeffer, zerstoßen

1 Bouquet garni (Petersilie, Thymian, Lorbeer)

20 Korianderkörner

5 g frischer Ingwer

2 kleine Chilischoten

Schale von 1 Orange und 1 Zitrone

1 Glas trockener Weißwein

1 EL Essig

½ Bund Schnittlauch

40 g Butter

Meersalz und frisch gemahlener Pfeffer

---

1. Möhren, Zwiebeln und Sellerie schälen, in dünne Scheiben schneiden und in 3 l Wasser zum Kochen bringen. Das Bouquet garni, die ganzen Knoblauchzehen, Gewürze (Sternanis, weißer Pfeffer, Koriander, Ingwer, ganze Chilischoten und Zitronen- und Orangenschale) und 2 Prisen Meersalz zugeben. Alles 10 Minuten bei starker Hitze kochen, dann Weißwein und Essig zufügen und weitere 5 Minuten garen.

2. Die Hummer – Kopf vorweg – in den sprudelnd kochenden Sud geben und 12 Minuten garen, dann herausnehmen und warm stellen.

3. Eine Tasse der Garflüssigkeit in einen Topf gießen und um die Hälfte einkochen lassen, dann die 40 g Butter und den feingehackten Schnittlauch einrühren. Erneut mit Salz und Pfeffer abschmecken.

4. Die Hummer halbieren, den Magensack, den Darm und den Schwanzpanzer entfernen. Die Hummerhälften auf vier vorgewärmte Teller legen, mit der Buttersauce überziehen und sofort servieren.

MEINE WEINEMPFEHLUNG

Chassagne-Montrachet,
Clos Saint-Jean

KRUSTENTIERE

Frisch gefangener Hummer mit Cayennesauce

Die Fischer fahren in der einen Nacht hinaus und versenken ihre Hummerreusen, um sie in der folgenden Nacht wieder einzusammeln. Die so gefangenen Hummer werden noch am selben Tag oder am Tag darauf gegessen. Das ist nicht zu vergleichen mit den Hummern, die im Fischbehälter mehr schlecht als recht am Leben erhalten werden, aber im Grunde krank sind.

4 weibliche Hummer aus der Bretagne à 600 g

FÜR DIE COURTBOUILLON

2 Möhren, 1 große Zwiebel

2 Stangen Lauch (nur das Weiße)

1 Bouquet garni

(Petersilie, Thymian, Lorbeer, Bleichsellerie)

10 g gestoßener Pfeffer

1 Glas trockener Weißwein

50 g frischer Ingwer

50 ml Weißweinessig

Grobes Meersalz

FÜR DIE CAYENNESAUCE

2 Möhren, 4 Schalotten

100 g Knollensellerie

4 Knoblauchzehen

1 EL Tomatenmark

1 Bouquet garni

(Petersilie, Thymian, Lorbeer, Bleichsellerie)

40 ml Cognac, 100 ml Weißwein

½ TL Cayenne-Pfeffer

100 ml Crème double

50 g Butter, 4 EL Olivenöl

2 Zweige Estragon

Salz und frisch gemahlener Pfeffer

MEINE WEINEMPFEHLUNG

*Puligny-Montrachet Les Combettes, J.-M. Boillot
oder ein Comtes de Champagne rosé von Taittinger*

1. Für die Courtbouillon das Gemüse putzen, in dünne Scheiben schneiden und in einem großen Topf mit 10 l Wasser zum Kochen bringen. Das Bouquet garni, zerstoßenen Pfeffer, ganzen Ingwer, grobes Salz, Weißwein und Essig zufügen, dann köcheln lassen, bis das Gemüse gar ist.

2. Die Hummer unter kaltem Wasser spülen, nacheinander in den sprudelnd kochenden Sud – Kopf vorweg – geben, nach 3 Minuten herausnehmen und abkühlen lassen.

3. Die Hummer aus der Schale lösen (den Panzer aufbewahren), die Schwänze halbieren, die Innereien herausnehmen und den schwarzen Corail aufheben.

4. Für die Sauce Möhren, Schalotten und Sellerie schälen und in 2 mm große Würfel schneiden.

5. In einem Topf 1 EL Olivenöl erhitzen und die zerkleinerten Hummerpanzer darin anbraten. Das gewürfelte Gemüse zugeben und mitdünsten. Mit Cognac flambieren, den Weißwein zugießen und aufkochen lassen. Mit Wasser knapp bedecken, das Tomatenmark, die ganzen Knoblauchzehen, den Cayennepfeffer, das Bouquet garni hineingeben und salzen. Alles bei schwacher Hitze 30 Minuten köcheln lassen.

6. Die entstandene Brühe durch ein Sieb passieren, dabei alles gut ausdrücken.

7. Die Brühe um die Hälfte einkochen, dabei den entstehenden Schaum abschöpfen. Dann die Crème double kräftig einrühren und alles weiter köcheln lassen, bis die Sauce leicht eindickt. Warm stellen.

8. Das restliche Olivenöl in einer Pfanne erhitzen. Das Hummerfleisch salzen und auf jeder Seite nur 3 Minuten anbraten. Warm stellen.

9. Die Sauce zusammen mit den 50 g Butter, den fein gehackten Estragonblättern und dem Corail in den Mixer geben. Mit Salz und Cayennepfeffer nach Geschmack würzen.

10. Die Hummerstücke auf vier vorgewärmten Tellern arrangieren, mit der Sauce überziehen und sofort servieren.

Zu diesem Gericht können Sie frische Nudeln reichen.

KRUSTENTIERE

Bretonische Hummersuppe mit Sherry

2 Hummer à 500 g

1 Möhre

1 große Zwiebel

3 Knoblauchzehen

1 Bouquet garni (Petersilie, Thymian, Lorbeer, Bleichsellerie)

2 Tomaten

100 ml Sherry

4 zarte Wirsingblätter

120 g Butter

Salz und frisch gemahlener Pfeffer

1. Die Hummer 3 Minuten in kräftig gesalzenes und gepfeffertes, sprudelnd kochendes Wasser – Kopf vorweg – geben, aus den Schalen lösen und die Panzer aufheben.

2. Möhre und Zwiebel schälen und in Stücke schneiden. Die Knoblauchzehen schälen und zerdrücken, alles zusammen in 20 g Butter andünsten und dann die zerkleinerten Panzer hineingeben. Einige Minuten garen, die Hälfte von dem Sherry zugießen, aufkochen lassen, mit Wasser bedecken, dann die geviertelten Tomaten und das Bouquet garni zugeben. Salzen und pfeffern, 30 Minuten köcheln lassen und dann durch ein Tuch seihen.

3. Die Wirsingblätter blanchieren und in Streifen schneiden. Das Hummerfleisch in dünne Scheiben schneiden.

4. Wirsing und Hummerfleisch auf vier tiefe Teller verteilen und im Backofen bei 80 °C warm halten.

5. Die durchgeseihte Suppe zum Kochen bringen, den restlichen Sherry und die übrige Butter hinzufügen und mit dem Schneebesen kräftig aufschlagen. Die Teller aus dem Ofen nehmen, jeweils einen Schöpflöffel von der Suppe über das Hummerfleisch und den Wirsing geben und sofort servieren.

MEINE WEINEMPFEHLUNG

Sherry, Tío Pepe

Spargelcremesuppe mit bretonischem Hummer

---

1 kg grüner Spargel

1 l heller Geflügelfond

2 Hummer à 500 g

4 junge Zwiebeln

4 EL Crème double

10 g Butter

Kerbelblättchen

Salz und frisch gemahlener Pfeffer

---

1. Den Spargel schälen, waschen und etwa 10 Minuten in Salzwasser kochen. Mit kaltem Wasser abschrecken, abtropfen lassen, dann die Spargelspitzen (6 cm lang) abschneiden. Die Reststücke im Mixer pürieren. Beiseite stellen.
2. Die Zwiebeln feinhacken und in der Butter dünsten. Den Geflügelfond zugeben, zum Kochen bringen, dann den pürierten Spargel und die Crème double hinzufügen. Mit Salz und Pfeffer würzen, durch ein feines Spitzsieb passieren und kalt stellen.
3. Die Hummer nacheinander – Kopf vorweg – in sprudelnd kochendes Salzwasser geben, 12 Minuten garen, dann Scheren und Schwanz aus den Schalen lösen (den Rest für eine Amerikanische Sauce oder eine Suppe aufbewahren).
4. Je einen Schöpflöffel Spargelcreme in vier tiefe Teller geben. Die Spargelspitzen und das in Scheiben geschnittene Hummerfleisch erwärmen und zusammen auf den Tellern arrangieren. Mit Kerbel bestreuen und sofort servieren.

Diese Creme läßt sich je nach Geschmack und Witterung kalt oder warm servieren, doch das Hummerfleisch und die Spargelspitzen müssen auf jeden Fall warm sein.

KRUSTENTIERE

SCHWIMMKRABBE

Im Gegensatz zum Taschenkrebs, der als recht träge gilt, ist die Schwimmkrabbe äußerst rege. Sie ist Meisterin im Nahkampf und versteckt sich in Felsspalten, unter Tang und flachen Steinen, indem sie sich farblich ihrer jeweiligen Umgebung anpaßt. Die Schwimmkrabbe ist vor allem an den Küsten des Atlantiks und des Ärmelkanals zu finden. Sie hat zartes schmackhaftes Fleisch, nur leider ist die Fleischausbeute recht gering. Auf den bretonischen Märkten findet man vor allem die Haarige Schwimmkrabbe, die hier als besondere Delikatesse geschätzt wird. Wer sich die Mühe macht, sie zu zerlegen, nachdem sie 3 Minuten in gut mit Pfeffer gewürztem Meerwas-

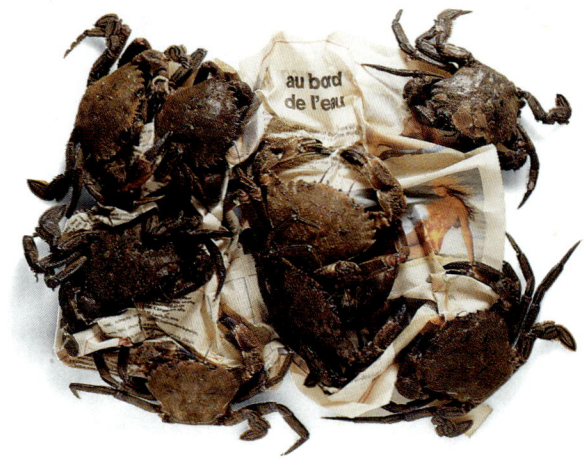

ser pochiert wurde, wird feststellen, daß sie geschmacklich die beste aller Krabben ist.

Kalte Schwimmkrabbensuppe

1 kg Schwimmkrabben
150 g Möhren
2 große Zwiebeln
4 Knoblauchzehen
2 Stangen Lauch (nur das Weiße)
1 Bouquet garni (Petersilie, Thymian, Lorbeer, Bleichsellerie, Estragon)
4 mittelgroße reife Tomaten
30 ml Olivenöl
50 ml Cognac
1 Glas trockener Weißwein
1 EL Reismehl
4 Stengel Kerbel
Salz, Pfeffer, Cayennepfeffer

1. Möhren, Zwiebeln und Lauch putzen und kleinschneiden. Die Tomaten waschen und vierteln.
2. Die Krabben in sprudelnd kochendes Wasser geben, nach 2–3 Minuten herausnehmen und unter kaltem Wasser abschrecken. Das Öl in einem Topf mit schwerem Boden erhitzen. Die Krabben hineingeben und mit einem Holzspatel immer wieder wenden.
3. Die kleingeschnittenen Möhren, Zwiebeln und Lauchstangen sowie die ungeschälten Knoblauchzehen hineingeben. Den Cognac zugießen und alles flambieren. Anschließend den Weißwein zugießen, zum Kochen bringen, dann die Tomaten und das Bouquet garni hinzufügen. Mit Wasser knapp bedecken, salzen, pfeffern und 15 Minuten köcheln lassen.
4. Die Krabben herausnehmen, die Scheren ablösen und aufheben.
5. Den Rest der Krabben zerstoßen und bei mittlerer Hitze 15 Minuten im eigenen Sud garen. Währenddessen das Fleisch der Scheren auslösen.
6. Die Brühe durch ein Sieb passieren, bei schwacher Temperatur erhitzen, den Schaum abschöpfen. Die Suppe mit dem Reismehl andicken und 10 Minuten sanft köcheln lassen.
7. Mit Salz, Pfeffer und Cayennepfeffer würzen.
8. Das Scherenfleisch auf vier vorgewärmte Teller verteilen. Die Suppe darüber geben, mit Kerbel bestreuen und sofort servieren.

SEESPINNE

Die Küste der nördlichen Bretagne ist die Hochburg des Seespinnenfangs. Früher wurde die Seespinne trockenen Fußes gefangen – häufig bei Springflut, wenn die Tiere im Frühling in Scharen an die Küste kommen –, heute dagegen fängt man sie mit Netzen oder Reusen.

Auf der Insel Callot gegenüber Saint-Pol-de-Léon findet jedes Jahr im Juni ein großes Fest zu Ehren der Seespinne statt, das zahllose Besucher anlockt. Viele Feinschmecker halten übrigens die Seespinne für das schmackhafteste Krustentier überhaupt.

Warmer Seespinnensalat mit jungem Lauch

4 Seespinnen à 800 g
1 Kopfsalatherz
24 Stangen junger Lauch
1 Schalotte
Salz und frisch gemahlener Pfeffer
Algen und/oder grobes Salz zum Anrichten

FÜR DIE VINAIGRETTE
2 EL Sherryessig
3 EL kaltgepreßtes Olivenöl
3 EL kaltgepreßtes Traubenkernöl
½ Zitrone
Salz und frisch gemahlener Pfeffer

1. Die Seespinnen 15 Minuten in einer Courtbouillon garen, herausnehmen und Bein- und Körperfleisch sorgfältig aus den Schalen lösen. Die Panzer und 8 Beine zum Anrichten aufheben. Alles zur Seite stellen und auf Zimmertemperatur abkühlen lassen.

2. Den Lauch putzen, unter fließendem Wasser waschen, zusammenbinden und 10 Minuten in Salzwasser garen. In eiskaltem Wasser abschrecken, aber nur kurz, damit der Lauch warm bleibt.

3. Die Panzer der Seespinnen auf ein Bett aus Algen oder grobem Salz (oder beidem) legen. Die Panzer mit zwei oder drei Salatblättern auslegen. Aus den angegebenen Zutaten eine Vinaigrette bereiten, etwas davon mit dem Seespinnenfleisch mischen. Salzen, pfeffern und mit etwas Zitronensaft würzen. Diese Mischung auf die vier vorbereiteten Panzer verteilen.

4. Den noch warmen Lauch in der restlichen Vinaigrette wenden und gleichmäßig auf dem Seespinnenfleisch arrangieren. Mit den Beinen der Seespinnen dekorieren und servieren.

MEINE WEINEMPFEHLUNG
Reuilly blanc, Domaine Henri Beurdin

Taschenkrebs

Der Taschenkrebs lebt in bis zu 100 Meter Tiefe auf dem Kiesel- und Felsgrund des Atlantiks, aber auch in der Nordsee und teilweise im Mittelmeer ist er zu finden. An der bretonischen Küste sagt man ihm nach, daß er das Fleisch toter Matrosen frißt, während sich die Möwe der verlorenen Seelen annimmt.

Der große Schauspieler Michel Simon sagte einmal über Krustentiere und den Taschenkrebs im besonderen: »In der Liebe sind die Krustentiere deine Verbündeten. Glaub mir, auch wenn es sich für dich idiotisch anhört, aber ein gefüllter Krebs ist das beste Mittel, um den letzten Widerstand einer schönen Frau zu brechen!«

Taschenkrebse in Gelee mit Petersiliencreme

---

4 Taschenkrebse à 600 g

2 Bund glatte Petersilie

100 ml Crème double

4 Blatt Gelatine

Salz und frisch gemahlener Pfeffer

FÜR DEN FUMET

5 oder 6 Panzer vom Hummer oder Kaisergranat

1 große Zwiebel

2 Möhren

100 ml trockener Weißwein

1 Bouquet garni
(Petersilie, Thymian, Lorbeer, Bleichsellerie)

1 Stückchen frischer Ingwer

1 EL Olivenöl

Salz und frisch gemahlener Pfeffer

MEINE WEINEMPFEHLUNG
Alsace Riesling Muenchberg, A. Ostertag

1. Die Taschenkrebse 15 Minuten in einer Courtbouillon garen, dann abtropfen lassen. Das Fleisch aus der Schale lösen und den Corail aufheben. Die Panzer waschen und zerkleinern.

2. Für den Fumet die Krebs- und Hummerpanzer in Olivenöl anbraten. Die Zwiebel schälen und hakken, die Möhren putzen, in Scheiben schneiden und zusammen mit dem Ingwerstück zugeben. Mit Wasser knapp bedecken und zum Kochen bringen. Den Schaum abschöpfen. Den Weißwein und das Bouquet garni zugeben und 30 Minuten bei schwacher Hitze köcheln lassen. Durch ein Sieb passieren und dann durch ein Tuch seihen.

3. Gelatine in kaltem Wasser einweichen und im Fumet auflösen. Abschmecken, abkühlen lassen.

4. Die Crème double in einem Topf aufkochen, mit Salz und Pfeffer würzen und mit den blanchierten und abgetropften Petersilienblättern im Mixer zu einer Creme verarbeiten.

5. Das Krebsfleisch mit 2 EL Gelee mischen. Die Schalen damit auskleiden, mit Petersiliencreme überziehen und mit dem restlichen Krebsfleisch bedecken. Die Oberfläche glattstreichen und mit dem restlichen Gelee überziehen. Im Kühlschrank 10 Minuten fest werden lassen.

Parmentier vom Taschenkrebs

Für dieses Rezept mit Taschenkrebsen steht Antoine Augustin Parmentier Pate, ein ehrenwerter Agronom und Nationalökonom, der schon 1786 für die Verbreitung der Kartoffel in Frankreich sorgte – entgegen der landläufig verbreiteten Meinung hat er sie aber nicht »erfunden«. Die Bezeichnung »Parmentier« steht vor allem für ein Gericht aus gehacktem Rindfleisch, das von einer Schicht gratiniertem Kartoffelpüree gekrönt wird. Hier einmal eine edlere Variante.

4 Taschenkrebse à 800 g

800 g Kartoffeln

200 ml Crème double

3 EL geriebenes Toastbrot

100 g Butter

Salz und frisch gemahlener Pfeffer

FÜR DEN FUMET

1 große Zwiebel, 2 Möhren

100 ml trockener Weißwein

1 Bouquet garni (Petersilie, Thymian, Lorbeer, Bleichsellerie)

1 Stück frischer Ingwer

1 EL Olivenöl

Salz und frisch gemahlener Pfeffer

MEINE WEINEMPFEHLUNG
Graves blanc, Les Plantiers du Haut-Brion

1. Die Taschenkrebse etwa 15 Minuten in einer Courtbouillon garen und dann mit kaltem Wasser abschrecken.
2. Die Kartoffeln schälen und in Salzwasser kochen.
3. Währenddessen das Scheren-, Bein und Körperfleisch der Krebse aus den Schalen lösen.
4. Für den Fumet die Panzer zerstoßen und in dem Olivenöl andünsten. Die Zwiebel schälen und hacken, die Möhren putzen und in Scheiben schneiden, dann zusammen mit dem ganzen Ingwerstück kurz mitdünsten lassen. Mit Wasser aufgießen und alles zum Kochen bringen. Den Schaum abschöpfen. Den Weißwein zugießen und bei schwacher Hitze 30 Minuten köcheln lassen. Durch ein Sieb passieren und anschließend durch ein Tuch seihen.
5. Von dem Fumet 200 ml in einem Topf um drei Viertel einkochen lassen und 100 ml Crème double zugeben. Weiter kochen lassen, bis die Mischung leicht eindickt, dann das Krebsfleisch unterheben, abschmecken und beiseite stellen.
6. Die Kartoffeln abtropfen lassen und durch die Kartoffelpresse geben. Bei mäßiger Hitze unter Rühren mit einem Holzlöffel gut ausdampfen lassen und dann 100 g Butter zugeben. Weiter rühren und den Rest der Crème double unterziehen. Abschmecken.
7. In eine gut mit Butter eingefetteten Gratinform eine dünne Schicht Püree geben, dann das Krebsfleisch darüber verteilen und wieder eine Schicht Püree. Die Oberfläche glattstreichen und mit dem geriebenen Toastbrot bestreuen. Im vorgeheizten Backofen bei 180 °C etwa 10 Minuten backen.
8. Zum Schluß unter einem Grill gratinieren und sofort servieren.

Und ausserdem...

Kalmar

Dieses mit dem Tintenfisch verwandte Meeresweichtier ist in Frankreich je nach Region unter vielen Namen bekannt. Das besondere an ihm ist seine Tintenblase, die mit zubereitet wird, wie in dem folgenden aus der spanischen Küche entliehenen Rezept, bei dem man es, wie man sagt, »en su tinta« kocht.

Kalmare in ihrer eigenen Tinte

600 g kleine Kalmare
120 g frische Nudeln (Tagliatelle)
50 ml heller Geflügelfond
120 g Butter
1 g Safran
50 ml Olivenöl
1 Beutel Tinte
(im Fischhandel erhältlich)
Salz und frisch gemahlener Pfeffer

1. Die Kalmare gründlich waschen und abtropfen lassen.
2. Die Tagliatelle al dente kochen.
3. Den Geflügelfond in einem Topf um die Hälfte einkochen lassen, dann etwas Tinte zugeben und mit 60 g Butter aufschlagen. Warm stellen.
4. In einem zweiten Topf den Safran in wenig Wasser auflösen, die übrige Butter hinzufügen und die Nudeln darin erwärmen. Mit Salz und Pfeffer abschmecken.
5. Die Kalmare salzen und pfeffern und bei starker Hitze 1 Minute in Olivenöl anbraten.
6. Auf vier vorgewärmte Teller jeweils eine Portion Nudeln geben, die Kalmare darauflegen, rundherum etwas von der Sauce verteilen und sofort servieren.

MEINE WEINEMPFEHLUNG

Côtes du Roussillon blanc, Domaine Salvat

Warmer Kalmar-Salat mit gegrilltem Spargel

---

400 g Babykalmare

20 Stangen grüner Spargel

1 Tomate

4 Basilikumblätter

100 ml kaltgepreßtes Olivenöl

1 EL Sherryessig

1 kleine Knoblauchzehe

Mehl

Salz und frisch gemahlener Pfeffer

MEINE WEINEMPFEHLUNG
Coteaux d'Aix Les Baux,
Domaine des Terres blanches

1. Vom Innern der Kalmare den zähen und durchscheinenden Teil entfernen. Die Kalmare waschen und abtropfen lassen.

2. Den Spargel schälen und auf 10 cm kürzen. Zu zwei Bündeln zusammenbinden und mit den Köpfen nach oben 8 bis 10 Minuten in Salzwasser garen. In kaltem Wasser abschrecken, gut abtropfen lassen.

3. Die Tomate häuten, entkernen und in Würfel schneiden. Die Knoblauchzehe schälen, vom Keim befreien und feinhacken. Aus 3 EL Olivenöl, Essig, Knoblauch, fein gehacktem Basilikum, Tomatenwürfeln, Salz und Pfeffer eine Vinaigrette bereiten.

4. Die Spargelstangen in das Öl tauchen, einige Sekunden auf den Grill legen, dabei einmal wenden, warm stellen.

5. In einer beschichteten Pfanne 2 EL Öl erhitzen. Die Kalmare mit Salz und Pfeffer würzen, in Mehl wenden, überschüssiges Mehl gut abschütteln, dann die Kalmare 2 Minuten in der Pfanne braten, dabei darauf achten, daß sie nicht zu trocken werden.

6. Die Spargelstangen fächerförmig auf vier vorgewärmten Tellern auslegen, die Kalmare darauf verteilen, mit der Vinaigrette beträufeln und sofort servieren.

FROSCH

Das Fleisch dieser Tiere ist sehr kalorienarm und läßt sich auf vielfältige Weise äußerst schmackhaft zubereiten. Die seltenen französischen Frösche kommen aus der Gegend von Nantes, aus dem Elsaß, der Auvergne, der Sologne, den Sümpfen in der Vendée oder aus der Dombe.

Wenn man sie am Spieß kauft, dürfen sie keinesfalls unangenehm riechen und müssen einen leichten Permuttglanz haben.

Im Mittelalter wurde diese Amphibie übrigens vom Klerus als Mahlzeit den Fischen gleichgesetzt, da man nicht mehr gewillt war, freitags immer nur Fisch zu essen.

Gebratene Froschschenkel mit Knoblauchcreme

2 Spieße Frösche (24 Stück)
1 ganzer Knoblauch
2 Kartoffeln
10 Stengel glatte Petersilie
2 EL Crème double
2 Glas Milch
150 g Butter
Mehl
2 EL Erdnußöl
Salz und frisch gemahlener Pfeffer

MEINE WEINEMPFEHLUNG
Chablis, Château de Maligny

1. Die Kartoffeln ungeschält in Salzwasser kochen.
2. Die Knoblauchzehen schälen, von den Keimen befreien, blanchieren und 10 Minuten in der Milch garen. Anschließend durch ein Sieb passieren und beiseite stellen.
3. Die Frösche so vorbereiten, daß man nur die Schenkel zurückbehält. Die Petersilienblätter abzupfen, hacken und kühl stellen.
4. Die Kartoffeln schälen und durch eine Kartoffelpresse drücken.
5. Die Crème double in einem Topf etwas einkochen lassen und die Hälfte des pürierten Knoblauchs und die pürierten Kartoffeln untermischen. Mit Salz und Pfeffer abschmecken.
6. In einer Pfanne 2 EL Öl erhitzen. Die Froschschenkel salzen, pfeffern und in Mehl wenden, dann in die Pfanne geben. Nach 2 bis 3 Minuten 15 g Butter hinzufügen. Die Schenkel goldbraun braten, dann abtropfen lassen. Das Bratfett wegschütten und die restliche Butter in die Pfanne geben. Schön braun werden lassen, dann den Rest des pürierten Knoblauchs und die gehackte Petersilie mit dem Schneebesen einrühren.
7. Die Froschschenkel auf vier vorgewärmte Teller verteilen, daneben etwas von dem Püree setzen und die Knoblauch-Petersilien-Butter darübergeben. Sofort servieren.

Verzeichnis der Rezepte

Fische

Bauch vom Roten Thunfisch mit Pfefferschoten	66
Brandade de Morue Ali-Bab	29
Cotriade von blauen Fischen mit Kartoffelsalat	74
Duo von Meerbarbe und Wolfsbarsch auf provenzalische und bretonische Art	49
Filets von Streifenbarben	54
Fische auf orientalische Art	72
Fischsuppe	78
Fischsuppe mit Safran	76
Frische Sardellen mariniert in Olivenöl und Gewürzen	20
Fritierte kleine Meerbarben in pikanter Sauce	52
Gebackene Seezunge	62
Gebackene Streifenbarbe	50
Gebackener Steinbutt mit Trüffeln	68
Gebratene Rotbrasse mit Knoblauch	35
Gebratene Seeteufelbäckchen mit Persillade	44
Gebratener Hecht in Saint-Émilion mit Sellerie-Mousseline	26
Gebratener Kabeljau süß-sauer	30
Gebratener Knurrhahn mit Basilikum	38
Gebratener Loup de Mer mit Oliven	23
Gebratener Seeteufel mit Zwiebel-Confit	42
Gegrillte Goldbrasse mit gebackenen Tomaten	36
Gegrillter Steinbutt mit »falscher« Béarnaise und gebratenen Kartoffeln	70
Gegrillter Wolfsbarsch mit Artischocken auf indische Art	24
Geräucherter Schellfisch in Milch pochiert	40
Geschmorter Seeteufel mit Feldthymian	44
Kabeljau mit Hopfensprossen und Bier-Mousseline	28
Lachs-Scaloppine mit Austern	59
Pochierter Steinbutt	69
Rochenflügel auf Wirsing	46
Sardinen auf Tomaten und Paprika	56
Schottischer Lachs mit Flußkrebsen	60
Seeteufel-Paella	43
Stockfisch mit Knoblauch und karamelisierten Kartoffeln	32
Thunfisch à la Roteña	65

Muscheln

Austern in Basilikumgelee	102
Austern mit Schalottenvinaigrette und Kartoffeln	99
Carpaccio von Jakobsmuscheln mit Austern	94
Croûtons mit Seeigeln	112
Gebackene Jakobsmuscheln	92
Gebratene Abalonen mit Knoblauch und Petersilie	110
Gebratene Messerscheiden mit Schalotten	96
Herzmuschelsuppe mit Vin Jaune	84
Jakobsmuscheln in Bier mit gedünstetem Chicorée	87

Jakobsmuscheln mit Couscous und Essigsauce	95	Muschelfrikassee mit Kurkuma	109
Jakobsmuscheln mit Curry und Apfel	90	Muschelminestrone mit Pistou	108
Kleine Muscheln in Seeigelschalen	114	Piroschki mit Jakobsmuscheln und Basilikum	88
Miesmuschelfrikassee mit Pfifferlingen	106	Venusmuscheln auf katalanische Art	82
Miesmuscheln in Marinade	105	Warme Austern mit Maipilzen	100

Krustentiere

Artischocken mit Krustentieren und Muscheln in Austernvinaigrette	134	Gekochter Hummer aus Cherbourg	141
Bärenkrebse mit Basilikum	122	Kalte Schwimmkrabbensuppe	146
Bretonische Hummersuppe mit Sherry	144	Krustentiere im Wirsingblatt	135
Flußkrebse à la marinière	124	Languste aus der Bretagne auf thailändische Art	138
Flußkrebse auf meine Art	126	Parmentier vom Taschenkrebs	152
Frisch gefangener Hummer mit Cayennesauce	142	Sägegarnelen in bretonischer Butter gebraten	118
Gazpacho mit Scampi	130	Salat von Flußkrebsen	125
Gebackene Scampi mit Estragon	128	Scampi in der Hülle mit Kräutersalat	132
Gebratene Scampi mit Chinakohl	131	Spargelcremesuppe mit bretonischem Hummer	145
Gedämpfte Garnelen mit Algen	120	Taschenkrebse in Gelee mit Petersiliencreme	150
Gekochte Baby-Langusten mit Mayonnaise	137	Warmer Seespinnensalat mit jungem Lauch	148

Und Ausserdem...

Gebraten Froschschenkel mit Knoblauchcreme	160
Kalmare in ihrer eigenen Tinte	156
Warmer Kalmar-Salat mit gegrilltem Spargel	158

Die Rezepte sind, sofern nichts anderes angegeben ist,
für vier Personen berechnet.

Danksagung

Unser Dank gilt

Laurence Basset, Catherine Bilimoff,
Cyrille Bleeker, Bruno Brangea, Pierre Chazelas,
Francine Colé, Christophe Comes, Jessica Deschamps,
Frédéric Dupont, Roger Feuilly, Jean Goumard,
Bernard Guilloteau, Christophe Hache, Pierre Pecunia,
Françoise Prigent, François Prigent,
Georges Landriot, Sami Mekloufi,
Michel Seydoux

Wir danken *La Maison ivre* und *La Tuile aux loups* dafür,
dass sie für die Studioaufnahmen Geschirr und anderes Dekorationsmaterial
zur Verfügung gestellt haben.

Alle Fotos von Hervé Amiard wurden mit Kameras von
Nikon und Filmmaterial von Kodak (Panther) hergestellt.

Lizenzausgabe für Gondrom Verlag GmbH, Bindlach 2001
© der deutschsprachigen Ausgabe by Christian Verlag, München
© der Originalausgabe mit dem Titel „Poissons, Coquillages et Crustacés"
by Les Éditions du Chêne – Hachette Livre, Paris

Redaktion: Britta Muellerbuchhof
Übersetzung: Ulrike Wasel und Klaus Timmermann
Covergestaltung: Büro Norbert Pautner, München

Alle Rechte vorbehalten:
Kein Teil dieses Werkes darf ohne schriftliche Einwilligung
des Verlages in irgendeiner Form (Fotokopie, Mikrofilm oder ein
anderes Verfahren) reproduziert oder unter Verwendung elektronischer
Systeme verarbeitet, vervielfältigt oder verbreitet werden.

ISBN 3-8112-1851-4

Der Umwelt zuliebe gedruckt auf chlorfrei gebleichtem Papier.